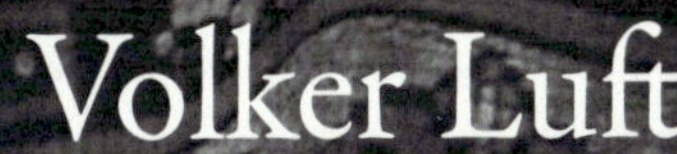

Volker Luft

The Golden Age

Lautenmusik der Renaissance in leichten Bearbeitungen für Gitarre solo

Mit großem Notenbild

AMB 3167

Acoustic Music Books, Wilhelmshaven · www.acoustic-music-books.de

Bildnachweise

Umschlagvorderseite: Hans Holbein, der Jüngere, Detail/Ausschnitt aus dem Porträt der französischen Gesandten Jean de Dinteville und Georges de Selve am Hof von England, 1533, Tempera auf Holz.
Seite 5, oben: Leonardo da Vinci, Der vitruvianische Mensch, ca. 1492, Feder und Tinte auf Papier, 34,3 cm x 24,5 cm, Galleria dell' Accademia, Venedig, Wikimedia Commons, File: Da Vinci Vitruve Luc Viatour 2.svg ; https://Lucnix.be
Seite 5, unten: Nicolas Payen, Partition,
https://upload.wikimedia.org/wikipedia/commons/6/63/Partition_Nicolas_Payen.jpg. By Madelgarius [CC0], from Wikimedia Commons
Seite 6 links: Scan einer Lithographie von Syntagma Musicum Band II, De Organographia, von Michael Praetorius. Platte XVI. Original gedruckt 1619. Lithographie ohne Copyright, 1968 gedruckt von der Association Internationale des Bibliotheques Musicales. *Jack Eden created the file.*
Seite 6, unten rechts: Tommaso Garzoni, (1642): Musikinstrumentenbauer (Lautenmacher). Holzschnitt auf Papier, Deutsche Fotothek (Public Domain), via Wikimedia Commons
Seite 8: *Giovanni Cariani (1485–1547) Ein Konzert (ca. 1518–1520), Gemälde, Öl auf Leinwand,* aus der Sammlung der National Gallery of Art, Washington D.C.

Eine inhaltsgleiche Ausgabe mit Noten und Tabulaturen
ist unter der Bestell-Nr. AMB 3122
ISBN 978-3-86947-322-2
erhältlich

Impressum

Coverdesign: *Manfred Pollert*
Foto Volker Luft, Umschlagrückseite: *Constanze Luft*
Notensatz: *Volker Luft*
Layout, Lektorat und Produktion: *Gerd Kratzat*

Bestell-Nr. AMB 3167
ISBN 978-3-86947-367-3
ISMN 979-0-50247-167-5
www.acoustic-music-books.de

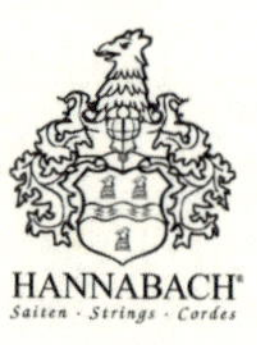

Endorsement-Hinweis:
Volker Luft spielt und wird unterstützt von Hannabach-Saiten und Daniel Stark-Gitarren.

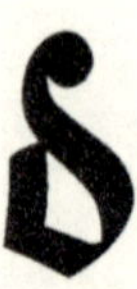

Vorwort

Die Musik des 16. und 17. Jahrhunderts ist in mancherlei Hinsicht für Gitarristen interessant, denn die Laute galt in der Renaissance als die Königin der Instrumente. Viele der hervorragendsten Musiker komponierten für die Laute und hinterließen der Nachwelt einen enormen Schatz wunderbarer und klangvoller Musikstücke, die den Geist ihrer Zeit atmen. Die Laute gewann eine musikgeschichtliche Bedeutung, die von keinen anderen Zupfinstrument jemals wieder erreicht wurde. Die Renaissance war für die Laute und die Zupfmusik das goldene Zeitalter – »The Golden Age«.

Neben der musikgeschichtlichen Bedeutung der Lautenmusik, auch und vor allem für Gitarristen, war es meine persönliche Begeisterung für diese wunderbare und tiefsinnig Musik, die mich motivierte, 33 der schönsten Lautenstücke für Gitarre zu bearbeiten. Die Mischung aus Melancholie und Lebensfreude die Renaissancemusik ausstrahlt, faszinierten mich schon während meiner Anfänge als Gitarrist. Meine Begeisterung hat nie nachgelassen und als Gitarrenlehrer, Dozent und ausübender Künstler habe ich schon oft festgestellt, dass viele Konzertbesucher und Gitarrenschüler diese Begeisterung teilen.

»The Golden Age« richtet sich an Gitarristen und Gitarrenlehrer, die ihr Repertoire mit dieser bedeutenden und wundervollen Musik erweitern wollen. Die gut klingenden Bearbeitungen eignen sich hervorragend für den Instrumentalunterricht, das Musikschulvorspiel und die Gestaltung von Konzerten.

Ich wünsche viel Freude, Spaß und musikalischen Gewinn mit »The Golden Age«!

Volker Luft

Anmerkungen zur Ausgabe

Diese Notenausgabe wurde sorgfältig und gewissenhaft recherchiert, erhebt jedoch nicht den Anspruch eine musikwissenschaftliche Edition zu sein, sondern will Gitarristen einladen, die wunderbare und klangvolle Musik der Renaissance zu endecken.

Die Orginalkompositionen sind ausschließlich für die Laute komponiert. Lauten haben unterschiedliche Stimmungen, je nachdem ob es sich um Kompositionen für 6-chörige, 8-chörige oder 10-chörige Laute handelt. Diese Stimmungen unterscheiden sich jedoch von der Stimmung einer modernen Gitarre. Um häufiges Umstimmen des Instrumentes zu vermeiden und einen kompakten Gitarrensatz zu erhalten, der die tonalen Möglichkeiten der Gitarre nutzt, habe ich die Bässe teilweise oktaviert, in der Mittelstimme und Bassstimme Töne ergänzt. Die Melodien und Charakter der Komposition blieben unverändert.

So entstanden Gitarrenbearbeitung, die den Geist Orginalkompositionen auf die tonalen und spieltechnischen Möglichkeiten der Gitarre übertragen und die klangliche Möglichkeiten der Gitarre voll ausschöpfen, ohne die Gitarristen vor allzu großen spieltechnischen Schwierigkeiten zu stellen.

Wichtige und hilfreiche Informationen zu den Komponisten, der Laute, zeitgeschichtlichen Hintergründen und den Kompositionen liefern die jeweiligen Kapitel (siehe Inhaltverzeichnis)

Um die Übersichtlichkeit des Notenbildes zu gewährleisten, wurden Fingersätze für Gitarre nur dann angegeben, wenn sie sich nicht von selbst aus dem Notenbild erschließen.

Inhaltsverzeichnis

Die Renaissance

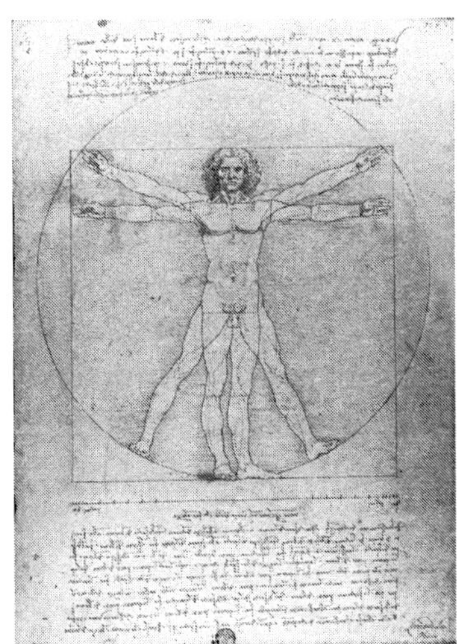

Leonardo da Vinci (1452–1519) Der vitruvianische Mensch, ca. 1492, Proportionsschema der menschlichen Gestalt nach Vitruv

Die Renaissance (französisch für „Wiedergeburt“) war eine der prägendsten und bedeutendsten europäischen Kulturepochen. Ausgehend von Norditalien orientierten sich im 15. und 16.Jahrhundert Gelehrte und Künstler an den kulturellen Leistungen und Ideale der griechischen und römischen Antike in Wissenschaft und Kunst. Durch diese Rückbesinnung auf die Antike und einer kritischen Auseinandersetzung mit dem Weltbild des Mittelalters wurden sich die Menschen der Renaissance ihrer Freiheit und schöpferischen Möglichkeiten bewusst.

Künstler, Dichter und Musiker fühlten den Beginn eines »Goldenen Zeitalters«, in dem der Mensch mit seinen kreativen Schaffen und Ausdrucksmöglichkeiten im Mittelpunkt stehen sollte. Durch diese vollkommen neue Denkweise entstand in ganz Europa innovative Malerei, Architektur, Skulptur, Literatur und Musik.

Die bedeutendste Persönlichkeit der Renaissance war unbestritten der italienisch Universalgelehrte Leonardo da Vinci. Der Maler, Bildhauer, Baumeister und Naturforschers schuf nicht nur eines der bekanntesten Bilder die „Mona Lisa“, sondern betrieb auch intensive mathematische, physikalische und anatomische Studien, konstruierte Maschinen, und hat die Nachwelt in der Kunst, Naturwissenschaft und Architektur nachhaltig beeinflusst. Zu den stilprägenden Werken der bildenden Kunst zählen, neben den Werken da Vincis, Michelangelos Skulptur David, seine Fresken der Sixtinischen Kapelle, sowie Raffaels Sixtinische Madonna. In Deutschland war Albrecht Dürer der bildende Künstler der Renaissance.

Ein Beispiele für die reiche Renaissance-Architektur ist die Peterskirche in Rom, entworfen von Daonato Bramante, bei deren Erbauung als Bauleiter auch Raffael und Michelangelo beteiligt waren.

In der Literatur schufen bedeutende Schriftsteller wie Dante Alighieri mit der »Göttlichen Komödie« und William Shakespeare mit seinen Theaterstücken bedeutende Meisterwerke, die auch heute noch gelesen und aufgeführt werden.

Als Kernzeitraum der Renaissance gilt das 15. und 16.Jahrhundert, somit ist sie die Stilepoche die den Übergang vom Mittelalter zur Neuzeit gestaltete.

Die Musik der Renaissance

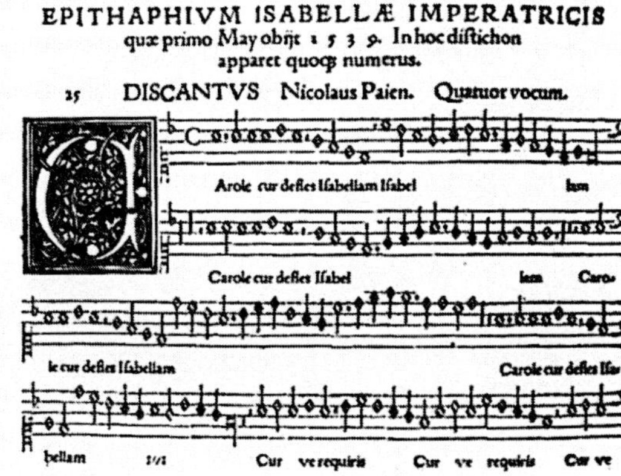

Nicolas Payen, Partition

Die führenden Komponisten der Renaissance wie zum Beispiel Orlando di Lasso und Josquin Desprez standen in der Tradition franko-flämischer Musik, die sie mit der lebhaften und sinnlichen Musik Italiens verbanden. In der Rennaissance entwickelte sich eine der bedeutsamsten Neuerung der Musik: die Mehrstimmigkeit. Kompositionen mit einem kunstvollen Geflecht mehrerer gleichberechtigter Melodiestimmen entstanden. Dadurch bildete sich die Tradition der Instrumentalmusik. Die ältesten erhaltenen Werke der Instrumentalmusik entstanden kurz nach der Erfindung des Notendrucks durch den Venezianer Ottaviano Petrucci um1500.

Zum ersten Mal wird die Musik, als ein Kunstwerk eines Komponisten angesehen. Die Musik diente nicht nur dem reinen Gotteslob, sondern auch der geselligen Unterhaltung. Es entstanden unzählige Liebeslieder, Trinklieder und Jahreszeitlieder. Auch in der Instrumentalmusik spiegelte sich diese Entwicklung zur weltlichen Musik durch die Popularität und Komposition vieler Tänze wieder.

Die Laute

In der Renaissance galt die Laute als das überragende Instrument: man bezeichnete sie sogar als »Königin aller Musikinstrumente« (*regina omnium instrumentorum musicorum*). So verwundert es nicht, dass sie als Solo- und Ensembleinstrument zum Spielen mehrstimmiger Kompositionen, als Vermittlerin gehobener Tanz- und Gebrauchsmusik, sowie als bevorzugtes Begleitinstrument für Gesang und Hausmusik eingesetzt wurde

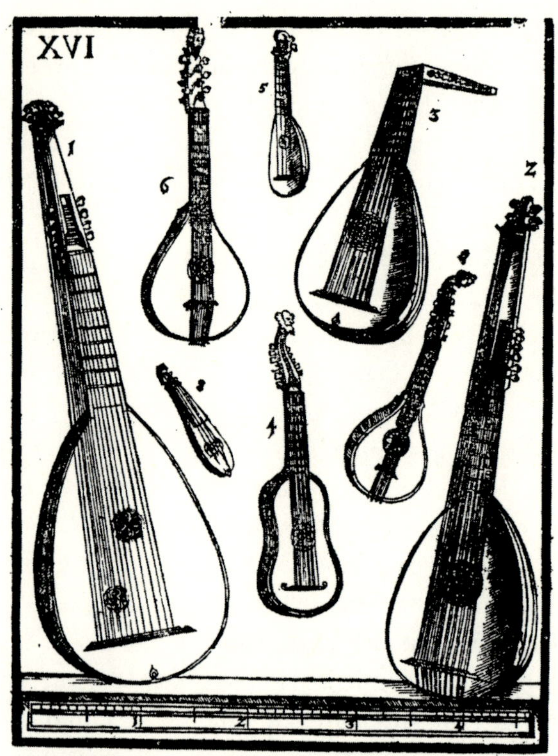

Aus: Michael Praetorius, Syntagma Musicum Band II, De Organographia, 1619. Die Abbildung zeigt eine Gruppe von Zupfinstrumenten dieser Epoche: 1) Paduanische Theorba 2) Laute mit Abzugern oder Testudo Theorbata 3) Chor Laute 4) Quinterna 5) Mandöraen 6) Sechs Chörichte Chor Zitter 7) Klein Englisch Zitterlein 8) Klein Geig [or] Posche genant.

Bis ins 15. Jahrhundert wurde die Laute wie der arabische Oud mit einem Plektrum angeschlagen. Um 1500 entwickelten die Lautenisten die Spieltechnik mit den Fingern, durch die ein polyphones Spiel möglich wurde. Bei dieser, in Lehrwerken von Hans Judenkunig und Lautenbüchern des 16. und 17. Jahrhunderts beschriebenen Technik, werden die Melodien mit Daumen und Zeigefinger der rechten Hand gespielt, während Akkorde mit Daumen, Zeige-, Mittel- und Ringfinger der rechten Hand angeschlagen werden.

Einer der populärsten und wichtigsten Lautenisten war John Downland, durch den um 1600 das sogenannte elisabethanische Lautenlied seine Blüte erlebte. Ab der Mitte des 17. Jahrhunderts dominierte der Einfluss französischer Lautenisten in Europa. Sie komponierten vornehmlich rein instrumentale, stilisierte Tanzsätze.

Die Laute ist aber kein Instrument, das in der Renaissance erfunden wurde, sondern gilt als eines der ältesten Instrumente überhaupt. Im 2. Jahrtausend vor Christus finden sich auf babylonisch-assyrischen Denkmälern Abbildungen eines langhalsigen und mit einem eiförmigen Korpus ausgestatteten Vorläuferinstruments der Laute - der Tanbur. In der arabischen Kultur wurde der Tanbur zur fünfsaitigen arabischen Ud (Al-ud = Holz) weiterentwickelte. Der Name der europäischen Laute leitet sich vom arabischen Al-ud (englisch: »Lute«, französisch: »Luth«) ab.

Auffälligstes Merkmal aller Lauten ist der birnenförmige, aus mehreren Spänen oder Rippen zusammengesetzte Korpus, ein am Sattel nahezu rechtwinklig abgeknickter Hals, und die Besaitung mit Doppelsaiten (Chören), die teils in Oktaven, teils im Einklang gestimmt werden. Die älteste europäische Lautenform, die Renaissancelaute, war sechschörig. Im Laufe der Zeit kamen immer mehr Chöre hinzu, die zunächst als normale, über dem Griffbrett verlaufende Saiten konzipiert waren (bis zu 10 Chören).

Im Barock wurden zusätzlich weitere Chöre als Bordunsaiten, die nicht gegriffen wurden und neben dem Griffbrett verliefen, hinzugefügt (Theorbe). Die größte Lautenform, der Chitarrone, kann bis zu 1,60 m lang sein.

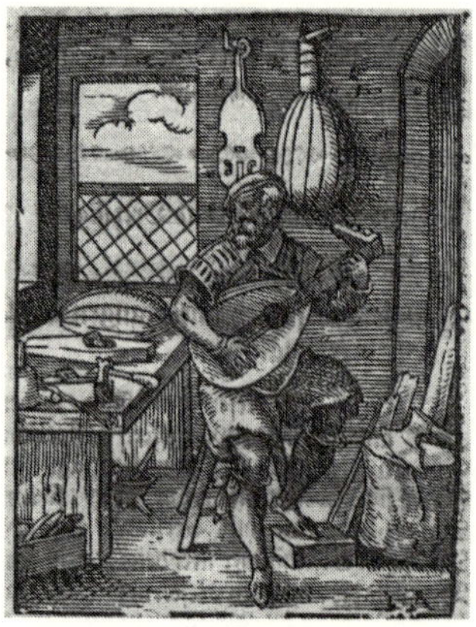

Tommaso Garzoni, (1642): Musikinstrumentenbauer (Lautenmacher)

Der Klang einer Laute lässt eine leichte Unterscheidung der einzelnen Tönen beim mehrstimmigen Spiel zu und wirkt sehr hell und leicht. Vielleicht lag es aber gerade an diesen schwebenden und nicht sehr lauten Klang, dass im Laufe der Zeit die Laute immer mehr aus der Mode kam und vom Cembalo verdrängt wurde.

Komponisten

Pierre Attaignant (1494–1552)
wurde in Nordfrankreich geboren und starb 1552 in Paris. Attaignant erfand eine neue Variante des Notendrucks, die ihm das Drucken von Noten in einem Arbeitsgang ermöglichte. Dadurch konnte er viele Tanzbücher und Chansonsammlungen in hohen Auflagen veröffentlichen. Dies war der Popularität seiner Kompositionen von großen Nutzen.

William Ballet (16. Jahrhundert)
Ballets Name ist eng mit seiner bekanntesten Veröffentlichung verbunden: »William Ballet´s Lute Book«. Einer Sammlung von Lieder und Tänzen, die unter anderen »Greensleeves« beinhaltet.

Jean Baptiste Besard (1567–1625)
der in Besançon geborene Lautenist erhielt in Rom seinen ersten Lautenunterricht und wurde zu einem der bedeutendsten Sammler und Herausgeber von Lautenmusik seiner Zeit. Er widmete sich intensiv der Lösung spieltechnischer Probleme und verfasste ausführliche Unterweisungen für das Lautenspiel, die auch ins Englische übersetzt wurden.

Mario Fabritio Caroso (1525–1600)
war italienischer Tanzmeister und Autor zweier umfangreicher Tanz-Traktate. Über sein Leben ist kaum etwas bekannt.

Stefan Craus (16. Jahrhundert)
Stefan Craus aus Ebenfurt veröffentlichte Mitte des 16. Jahrhunderts mehrere Sammlungen mit Lautenmusik.

Francis Cutting (1550–1596)
Der englische Lautenist und Komponist zeichnete sich durch seine klangvolle und bis heute noch bekannten Kompositionen wie »Packington´s Pound« aus. Von Cutting, der als Lautenist bei englischen Adelsfamilien angestellt war, sind mehr als 50 Originalkomposition für die Laute überliefert.

John Downland (1562–1626)
Der in London während des »Elisabethanischen Zeitalters« geboren John Downland gilt als berühmteste Lautenist und Komponist seiner Zeit. Er führte die lyrischen Form des Lautenliedes zu seinem künstlerischen Höhepunkt. Sein umfangreiches Werk für die Laute bezeugt, das er auch nach heutigen Maßstäben, ein hervorragender Instrumentalist gewesen sein muss.

Georg Leopold Fuhrmann (1540–1608)
Der Sohn des Nürnbergers Musikverlegers Valentin Fuhrmann interessierte sich schon früh für das Lautenspiel. Das von ihm herausgegebene Lautenbuch »Testudo Gallo-Germanica« gilt als wichtigste Quellen der Lautenmusik des frühen 17. Jahrhundert. Das 180 Seiten umfassende Werk enthält neben einer großen Zahl von Lautentabulaturen von Lautenisten aus ganz Europa, den von Fuhrmann selbst komponierten Titel »Tanz«. Ein sehr bekanntes und beliebtes Musikstück, das in keiner Sammlung von Renaissancewerken fehlen darf.

Hans Judenkunig (1450–1526)
der in Schwäbisch Gmünd geborene Schwabe Hans Judenkuning, genannt auch Judenkönig, war einer der bekanntesten und angesehensten Lautenisten seiner Zeit. Seine Lehrbücher für Laien zum Selbstunterricht verhalfen ihm zu großer Popularität.

Adrien Le Roy (1520–1598)
der in Paris lebende Lautenist hatte als Verleger und Komponist großen Einfluss auf das musikalische Leben der französischen Metropole. Er war unter anderen mit Orlando di Lasso befreundet.

Cesare Negri (1536–1604)
war ein italienischer Tanzmeister am Hof in Mailand, der eines der wichtigsten Traktate zur höfischen Tanzkunst veröffentlichte das auch etliche Kompositionen enthielt.

Hans Neusidler (1508–1563)
Durch seine Lehrbücher zum Spiel der Laute und seinen eingängigen Kompositionen wurde der Nürnberger Hans Neusidler zu einer der führenden Hauptvertreter der deutschen Lautenmusik. Seine Veröffentlichungen waren so erfolgreich, dass sie von Verlegern in Venedig, Straßburg und Frankfurt nachgedruckt wurden.

Melchior Neusidler (1531–1591)
Der älteste Sohn von Hans Neusidler machte in Augsburg Karriere als Lautenist und Komponist.

Besondere Beziehungen hatte er zur Kaufmannsfamilie Fugger. Mehr als 250 Stücke sind von Melchior Neusidler überliefert, die zum großen Teil von einer hohen technischen Meisterschaft auf der Renaissancelaute (u.a. Spiel in den höchsten Lagen der Laute) zeugen. Man kann daher annehmen, dass Melchior Neusidler zu den besten Lautenisten in ganz Europa zählte.

Petrus Phalesius (1510–1573)
war ein niederländischer Musikverleger, der viele Kompositionen für die Laute veröffentlichte. Ob er selbst Lautenist war ist umstritten.

Thomas Robinson (1560–1609)
ist neben John Dowland der bekannteste Lautenist der Reanissance gewesen. Er bereiste ganz Europa und war unter anderen Lehrer und Musiker am Hofe der dänischen Prinzessin Anne. Seine Kompositionen wie »A Gigue« oder »Toy« haben ihre Zeit überlebt und sind zu zeitlosen Klassikern der Instrumentalmusik geworden.

Tilmann Susato (1510–1570)
deutschstämmiger Musiker und Komponist, der in Antwerpen einen Musikverlag betrieb. Susato veröffentlichte neben seinen eigenen Kompositionen die Werke der bedeutendsten Musiker seiner Zeit.

Johann Thysius (um 1578)
Von Johann Thysius ist ein handschriftliches Lautenbuch überliefert. Es ist nicht gesichert, ob Thysius die Kompositionen selbst verfasst hat oder sie lediglich gesammelt hat.

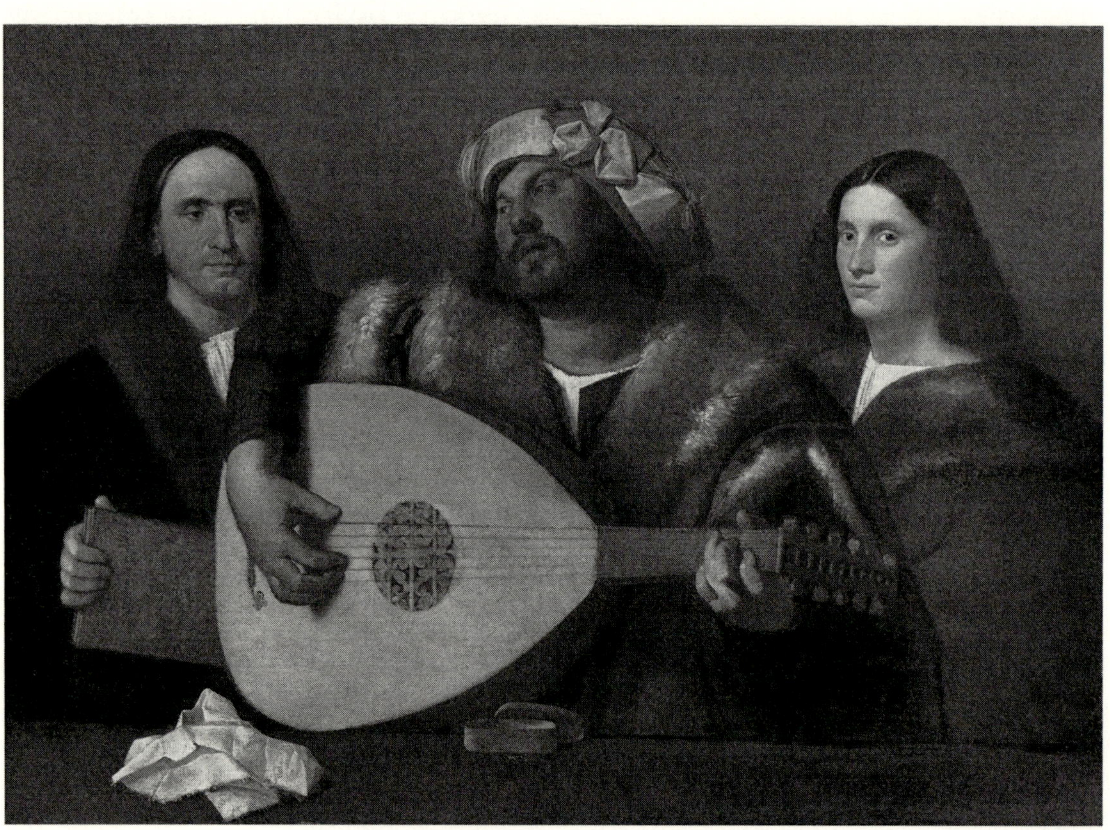

Giovanni Cariani (1485–1547) Ein Konzert (ca. 1518–1520), Gemälde, Öl auf Leinwand

Kompositionsformen

Allemande
Die Allemande ist ein deutscher Tanz aus dem 16. und 17. Jahrhundert. Sie ist ein geradtaktiger Reigentanz in langsamer, gemessener Bewegung. Im Barock verliert die Allemande ihre Tanzmusikfunktion und findet als erster Satz Eingang in die Solosuite.

Basse danse
Die Basse danse galt im 15.Jahrhundert als »Königin der Tänze. Die Basse danse besteht aus drei Teilen: Basse danse, Recoupe und Tourdion. Gewöhnlich stehen die beiden ersten Sätze im Dreiertakt, der Tourdion im 6/8- oder 6/4-Takt. Die Folge dieser drei Sätze kann als eine Vorform der Suite angesehen werden.

Branle
Vom 15. bis zum 17. Jahrhundert ist der Branle ein variantenreicher Reigentanz, dessen anführende Person oft eine hervorgehobene Stellung hatte. Ursprünglich war der Branle der Abschluss der Basse danse. Ab dem 16.Jahrhundert entwickelt er sich zum selbstständigen Tanz, sowohl im geraden Takt wie auch im Dreiertakt.

Gigue (Jig)
Der aus der Instrumentalmusik des 17. und 18. Jahrhunderts bekannte Tanz in sehr raschem Tempo und im 6/8 Takt stehend, taucht zunächst auf den britischen Inseln unter dem Namen »Jig« auf. Die Jig ist auch eine Art Posse, mit einer in Versform gekleideten Handlung, mit populären Melodien und grotesken Tänzen. In der Mitte des 17.Jahrhunderts gelangt die Gigue auf das europäische Festland und findet Aufnahme in die höfische Kunstmusik als letzter Satz der Suite.

Irish Tune
Mit »Tune« wird im Englischen eine Melodie bezeichnet oder aber ein Instrumentalstück. Ein »Irish Tune« ist in der Regel ein keltisch geprägte Instrumentalstück.

Pavane
Die Pavane ist ein aus Italien stammender langsamer Schreittanz im geraden Takt. Sie erfreute sich im 16. Jahrhundert einer großen Popularität und war in ganz Europa weit verbreitet. Sie wurde zu einer der beliebtesten und kunstvollsten Instrumentalformen.

Recoupe
ist ein Tanz im Dreiertakt und zweiter Satz der Basse danse.

Ronde/Rondeau/Rondo
Das Rondeau (Ronde, Rondo) ist eine musikalische Form, bei der das Hauptthema (Refrain, Ritornell) mindestens einmal wiederkehrt. Das Rondeau findet sich besonders häufig in der französischen Cembalomusik des 17.Jahrhunderts und entwickelt sich zur Sonatenrondoform in der Instrumentalmusik der Klassik weiter.

Spagnoletta
»La Spagnoletta« ist ein italienischer Tanz aus dem späten 16. Jahrhundert.

Tourdion
Tourdion ist ein schneller französischer Hoftanz im 6/8- oder 6/4-Takt und dritter Satz der Basse danse.

Toy
Toy ist ein Tanzstück mit heiteren Charakter aus dem Elisabethanischen England, das eng verwandt mit der Jig ist.

Volte
Die Volte oder Volta ist ein lebhafter französischer Hoftanz aus der Provence im Dreiertakt. Seine weiteste Verbreitung hatte die Volte zwischen 1550 und 1650. Charakteristisch für eine Volta sind heftige Sprünge und Drehungen bei engen Kontakt mit dem Partner.

Welscher Tanz
Im deutschsprachigen Raum war im 16. Jahrhundert Welschland die Bezeichnung für Italien oder Frankreich. Ein Welscher Tanz ist somit ein Tanz aus Frankreich oder Italien.

1. Pavane

Anonym, 16. Jahrhundert
Bearbeitung: Volker Luft

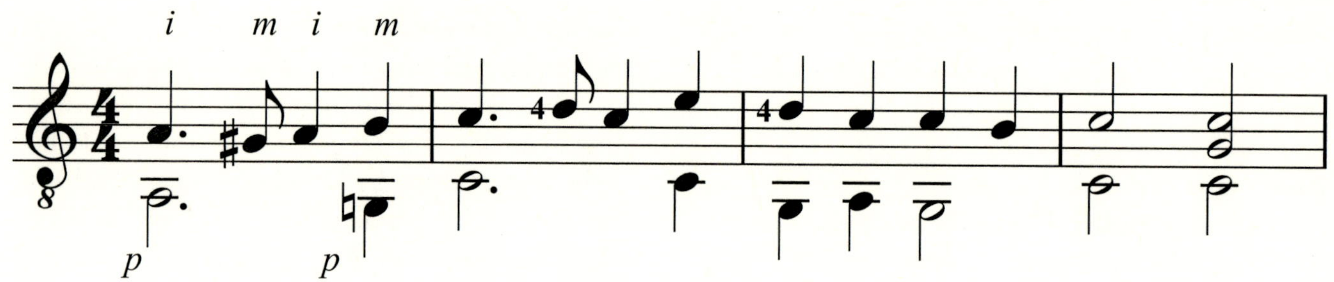

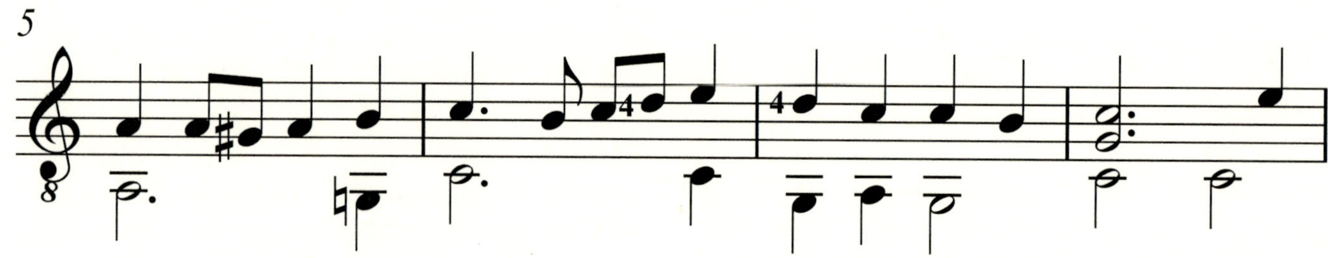

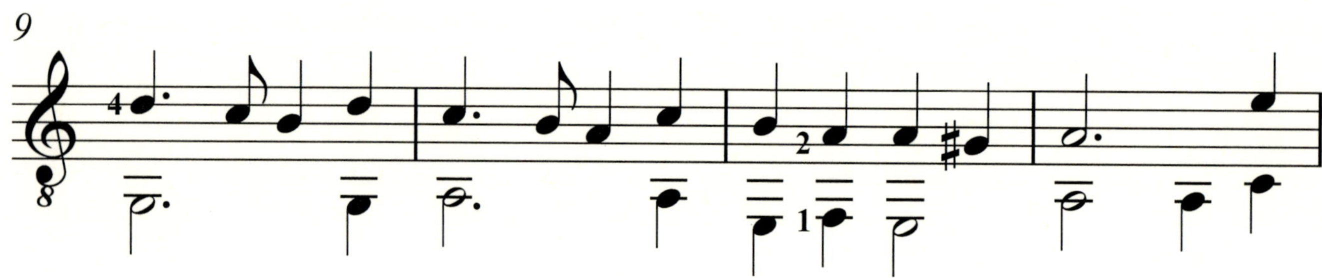

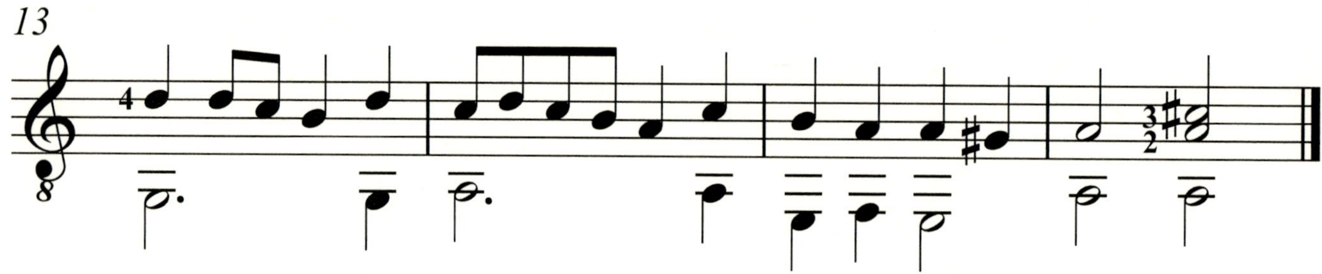

2. Tantz

Stephan Craus, 16. Jahrhundert
Bearbeitung: Volker Luft

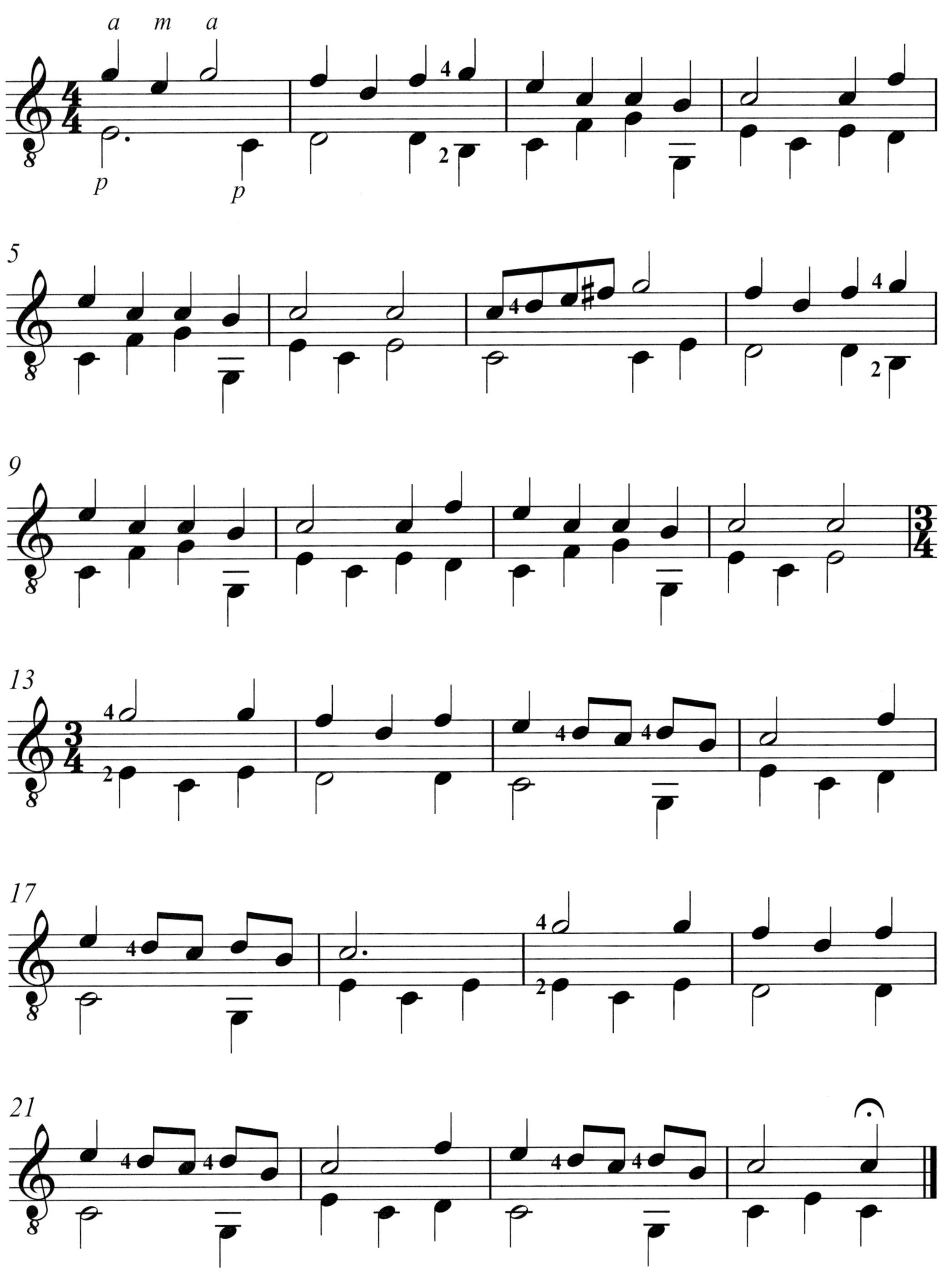

3. Bockington's Pound

Francis Cutting (1550–1596)
Bearbeitung: Volker Luft

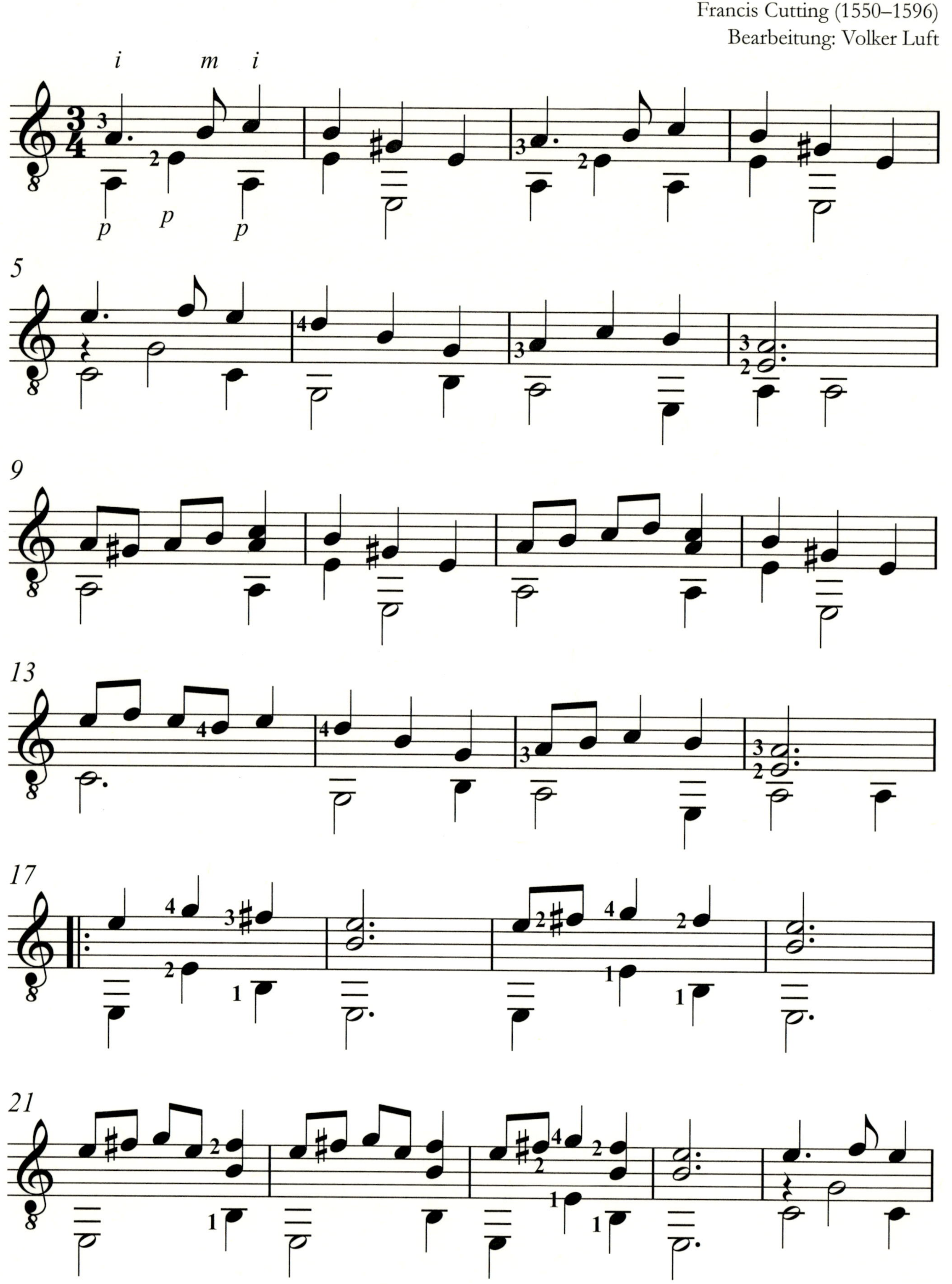

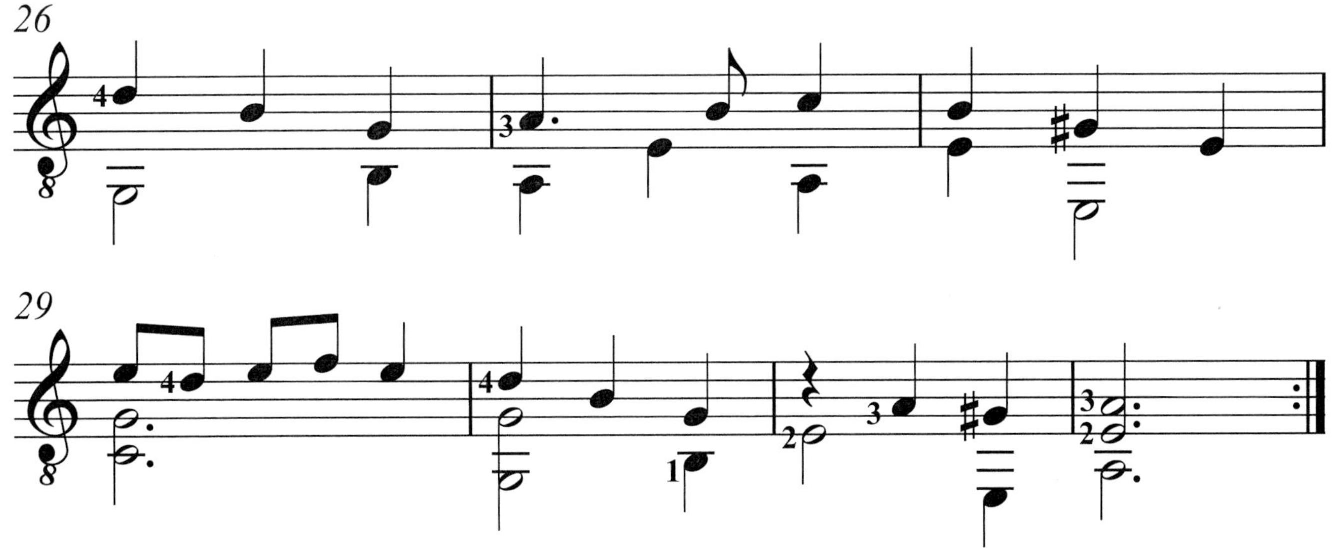

4. Branle Gay

Jean Baptiste Besard (1567–1625)/Bearbeitung: Volker Luft

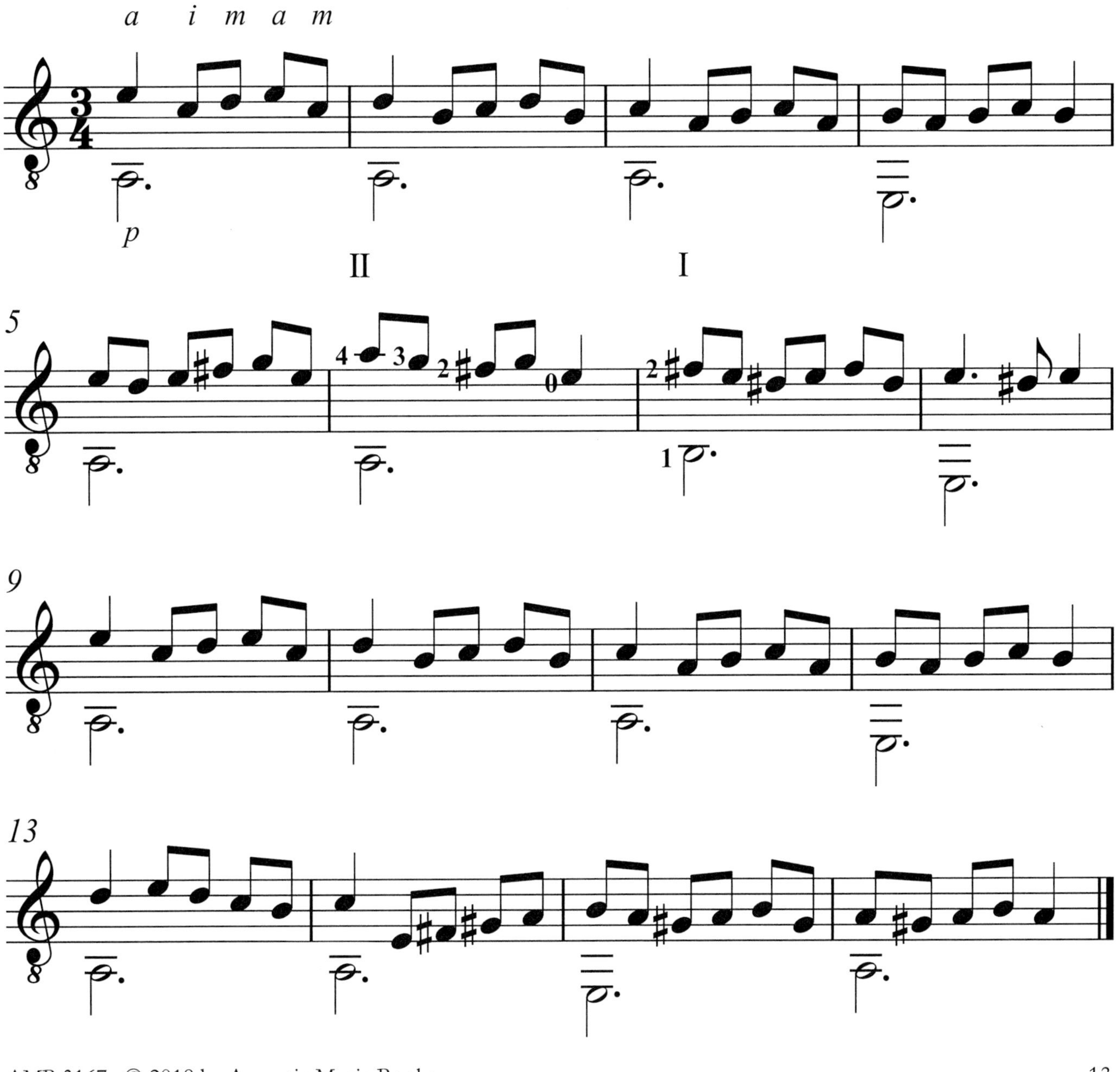

a i m a m

p

II I

5

9

13

5. Der Fuggerin Tanz

Melchior Neusidler (1531–1591)
Bearbeitung: Volker Luft

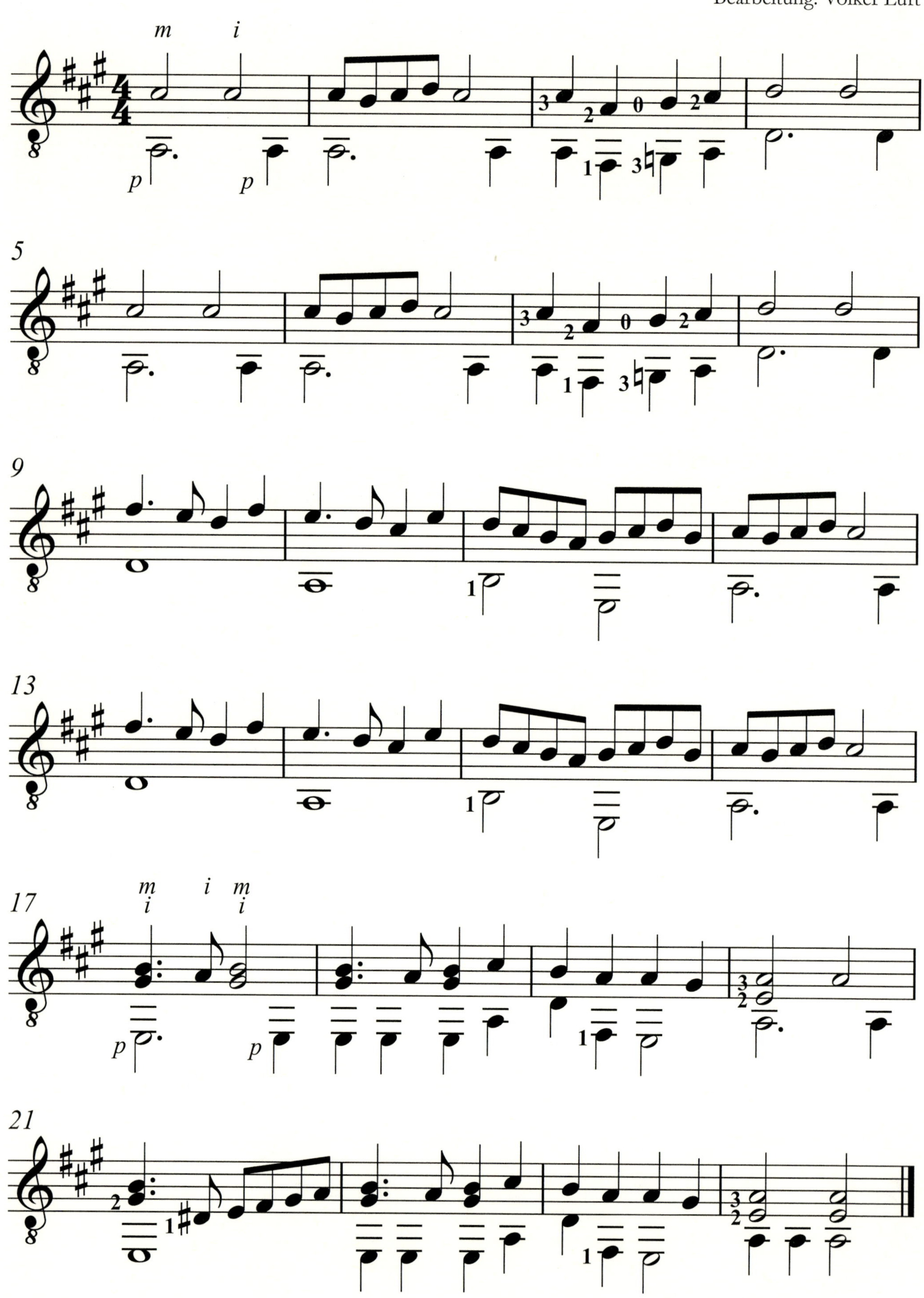

6. What If A Day

Anonym
Bearbeitung: Volker Luft

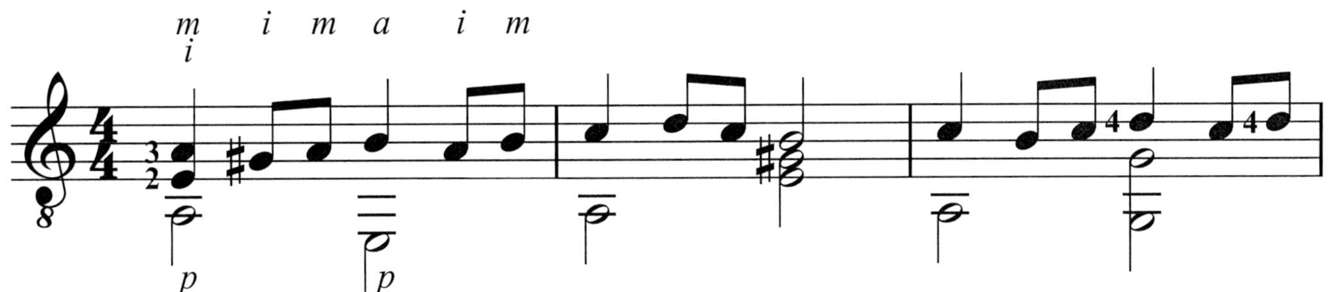

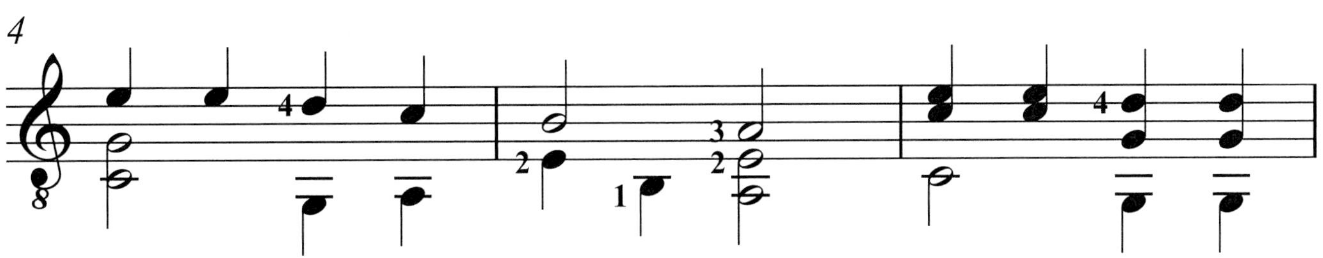

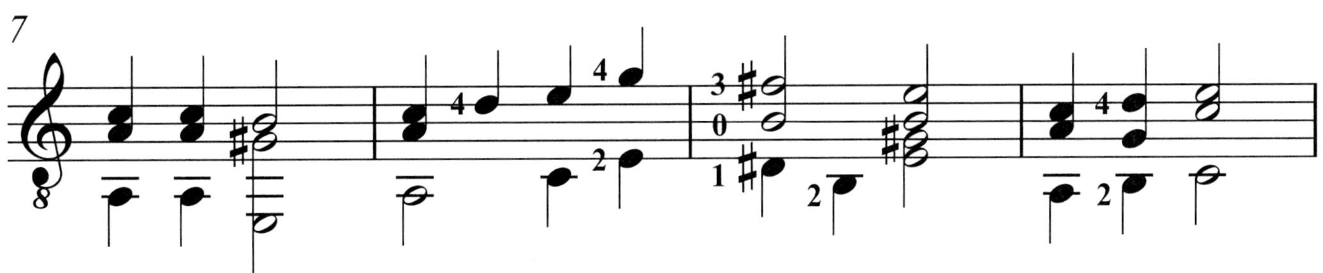

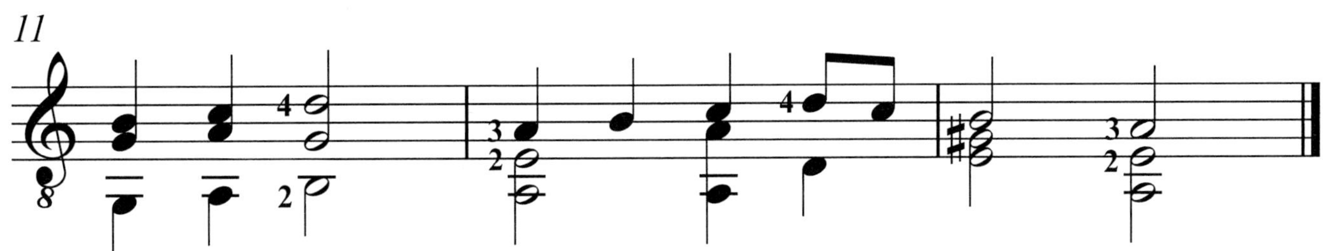

7. Volt

Anonym, 16. Jahrhundert
Bearbeitung: Volker Luft

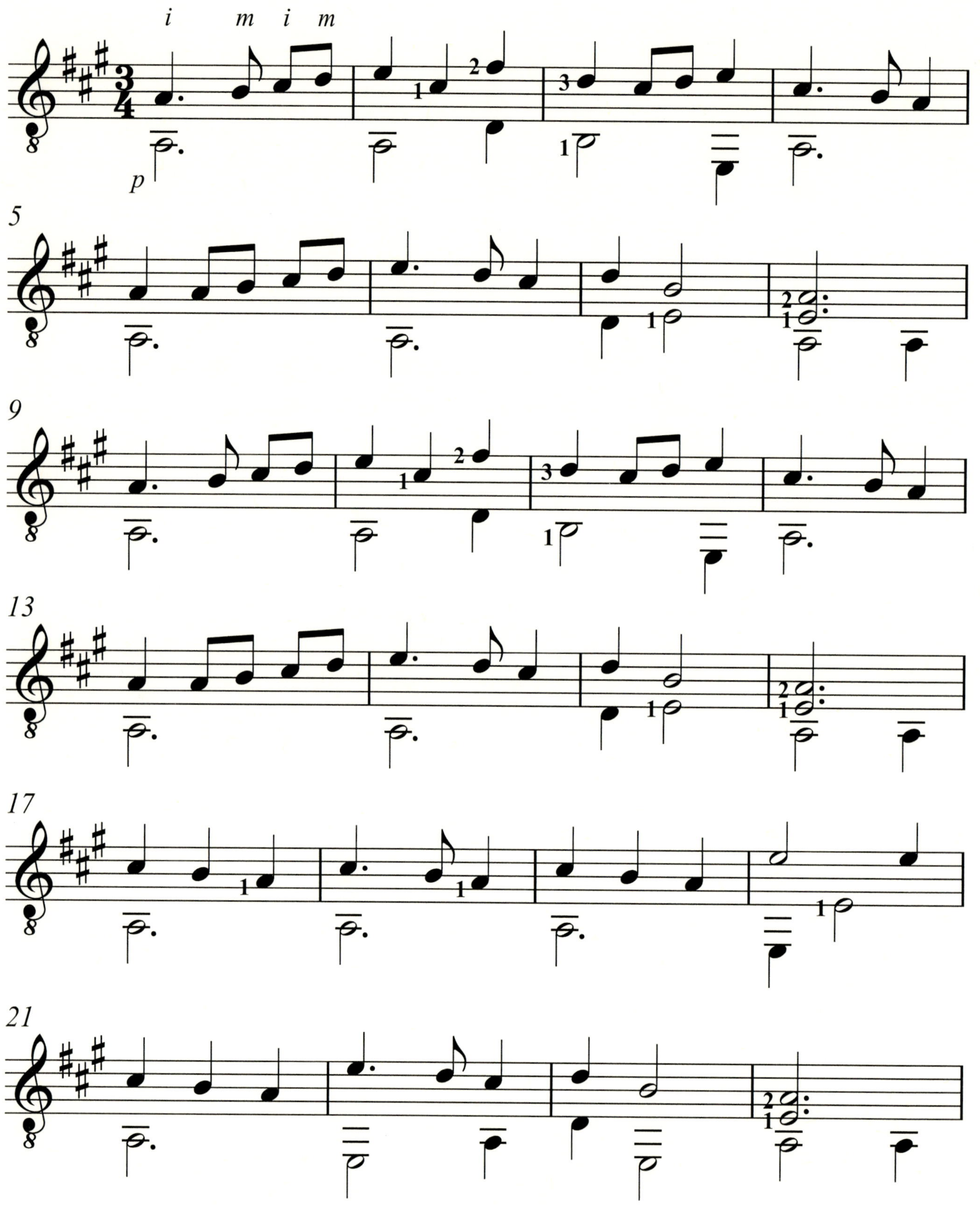

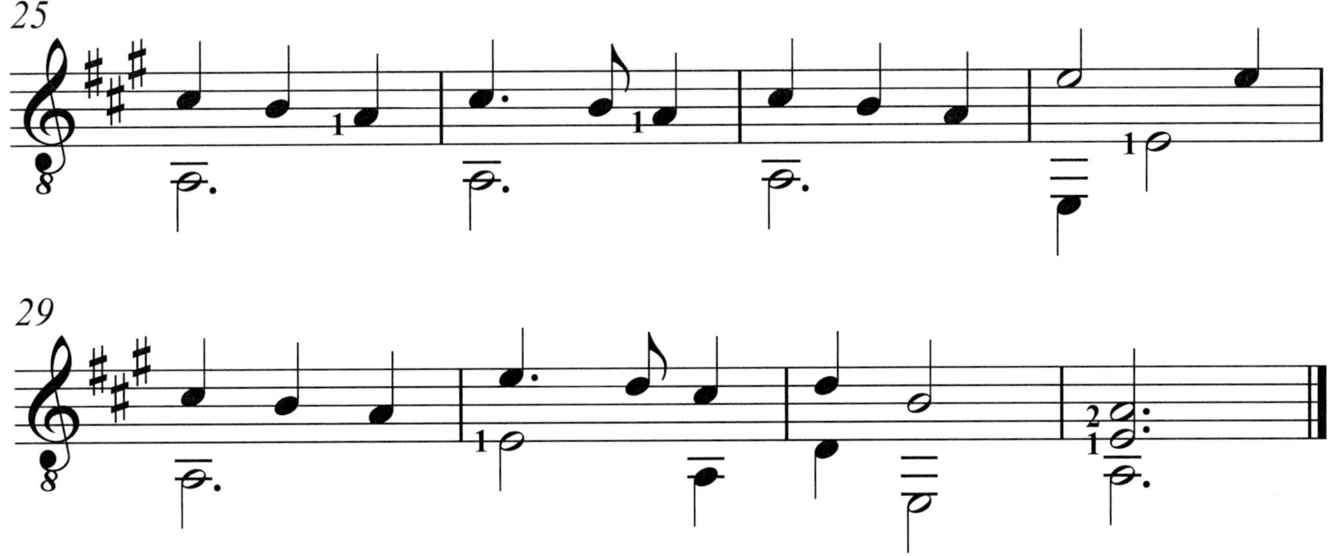

8. Irish Tune

William Ballet (um 1600)
Bearbeitung: Volker Luft

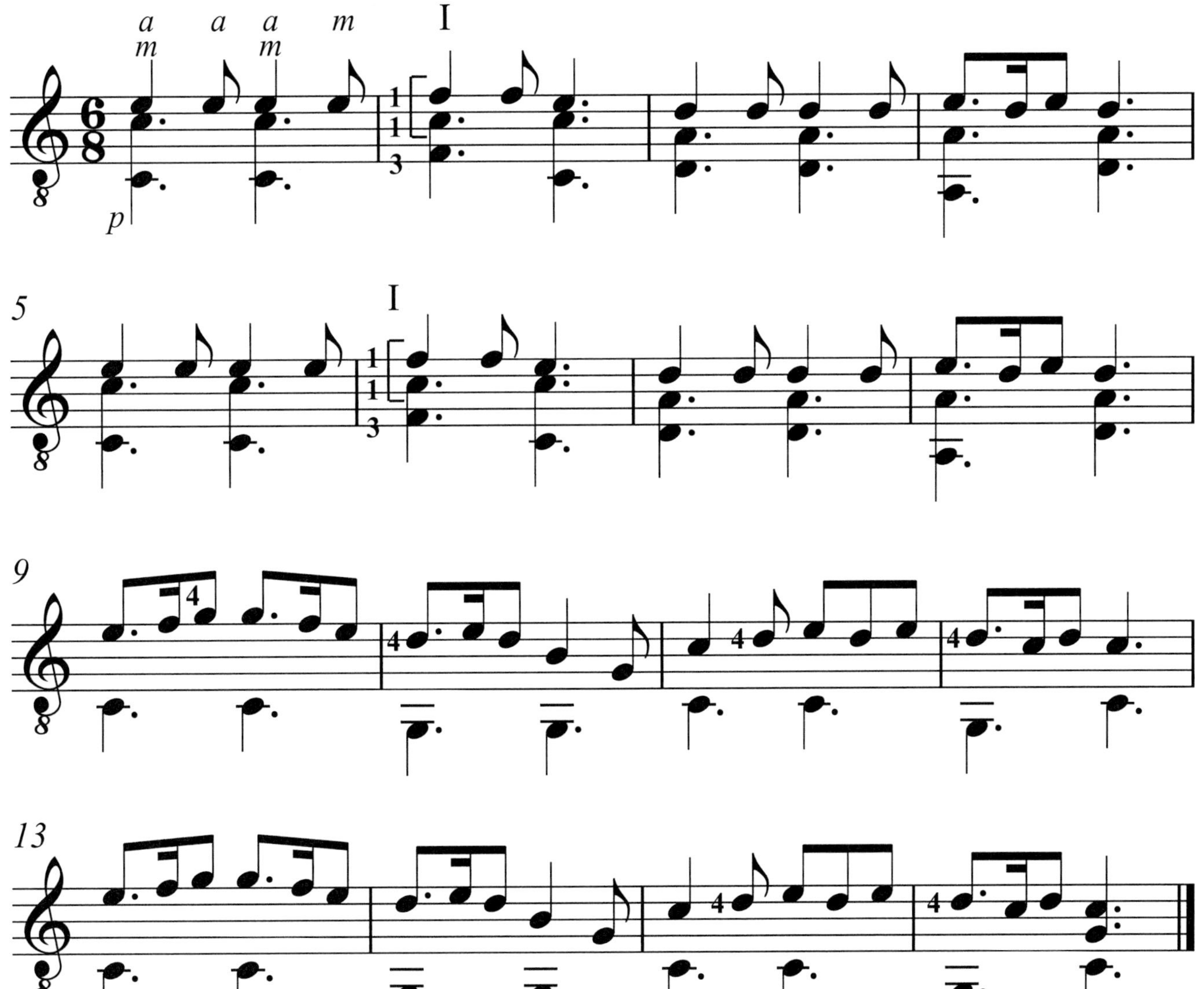

a a a m
m m
I
p

5
I

9

13

9. Greensleeves

Aus William Ballet's Lautenbuch, 16. Jahrhundert
Bearbeitung: Volker Luft

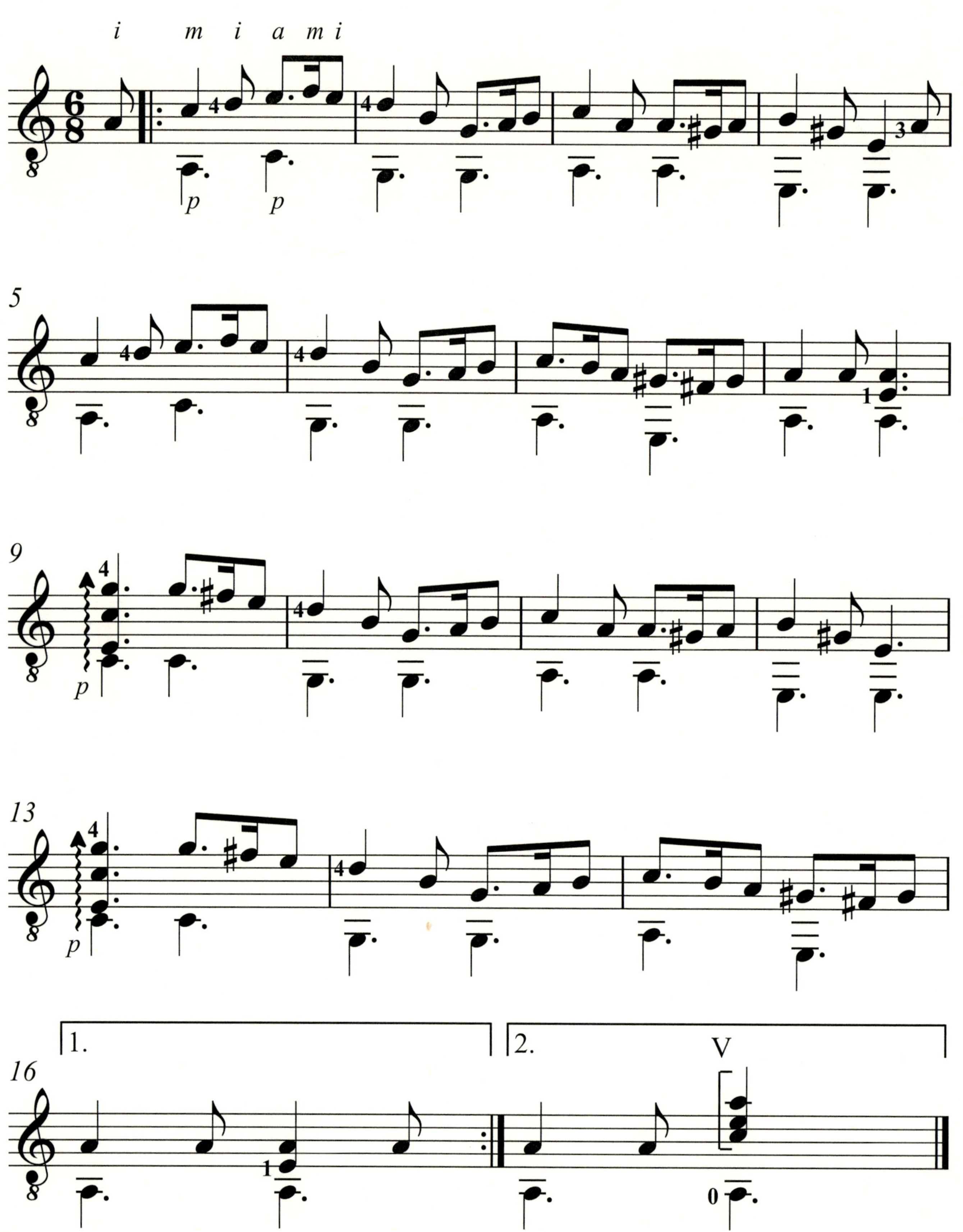

10. Toy

Francis Cutting (1550–1596)/Bearbeitung: Volker Luft

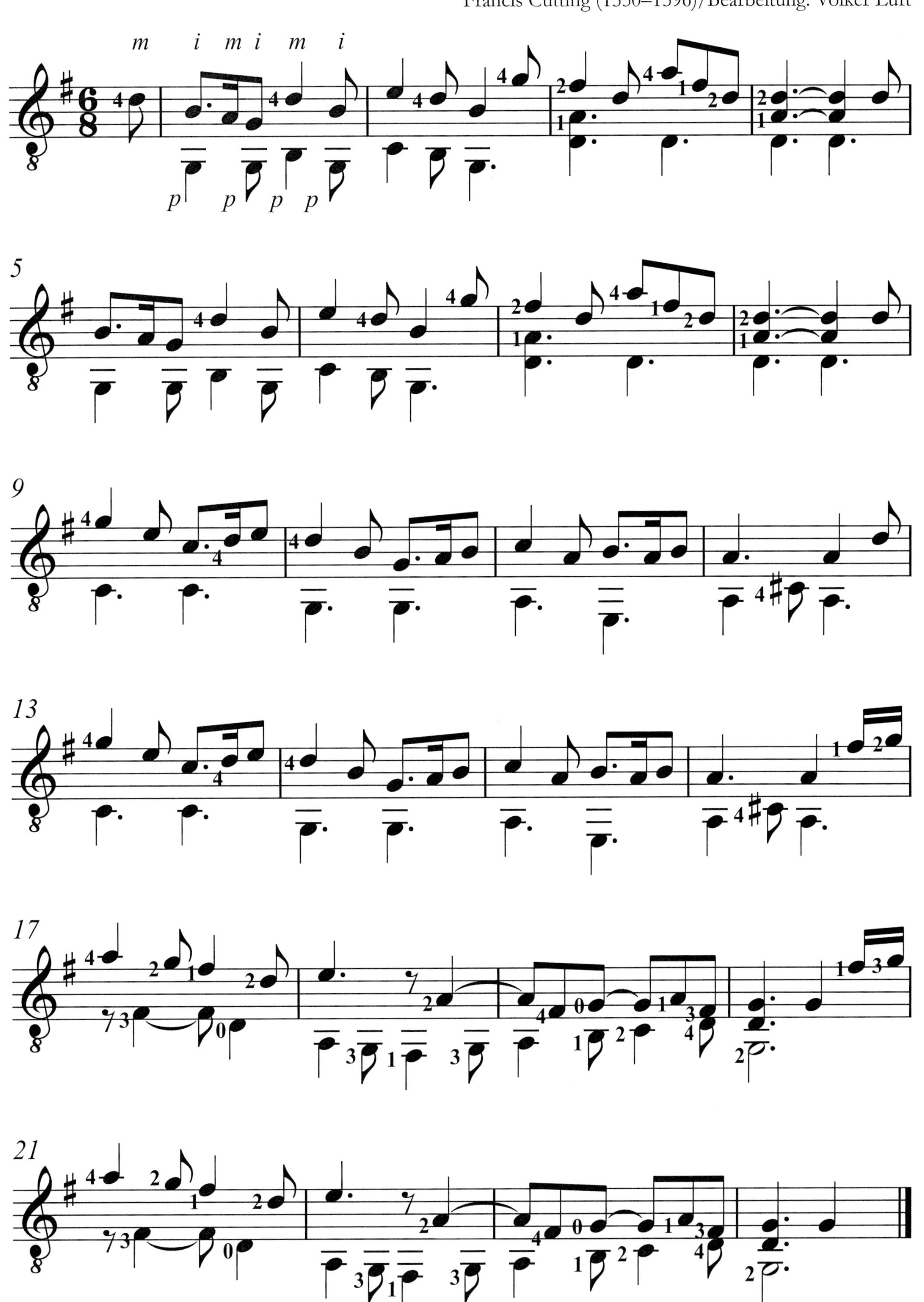

11. Ein niederländisch Tänzlein

Hans Newsidler (1508–1563)
Bearbeitung: Volker Luft

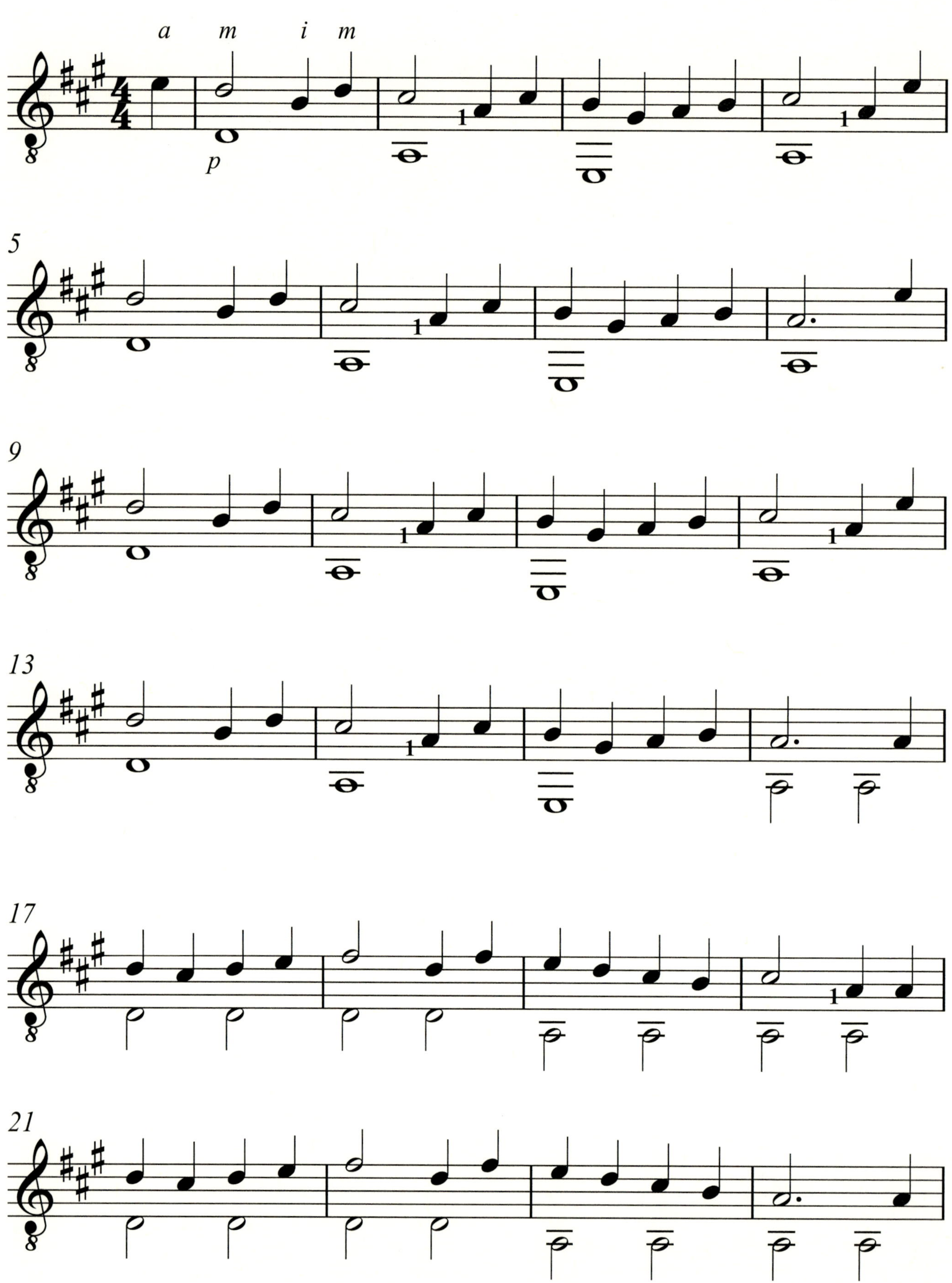

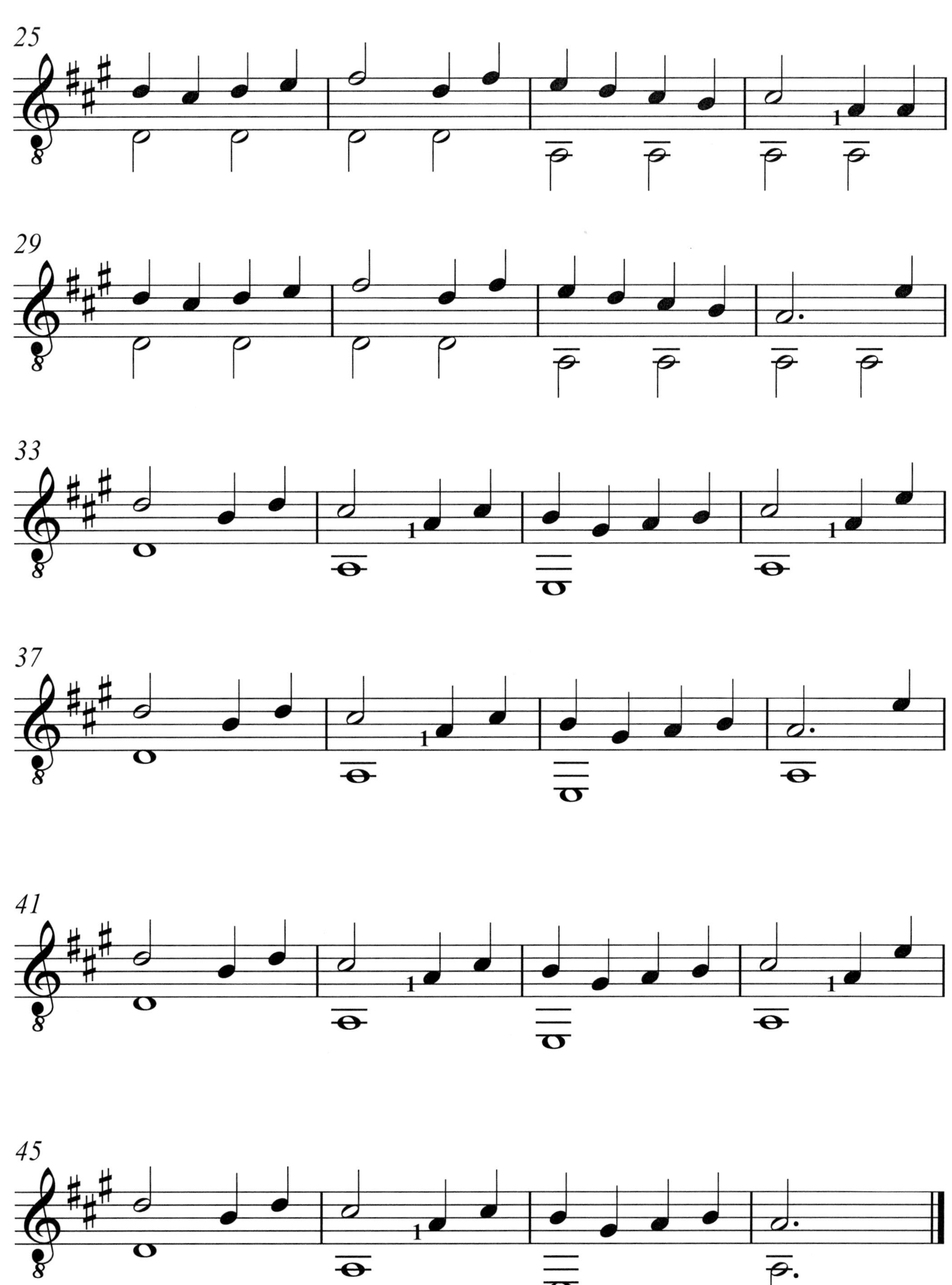
25
1
29
33
1
1
37
1
41
1
1
45
1

12. Tanz

Georg Leopold Fuhrmann (1540–1608)
Bearbeitung: Volker Luft

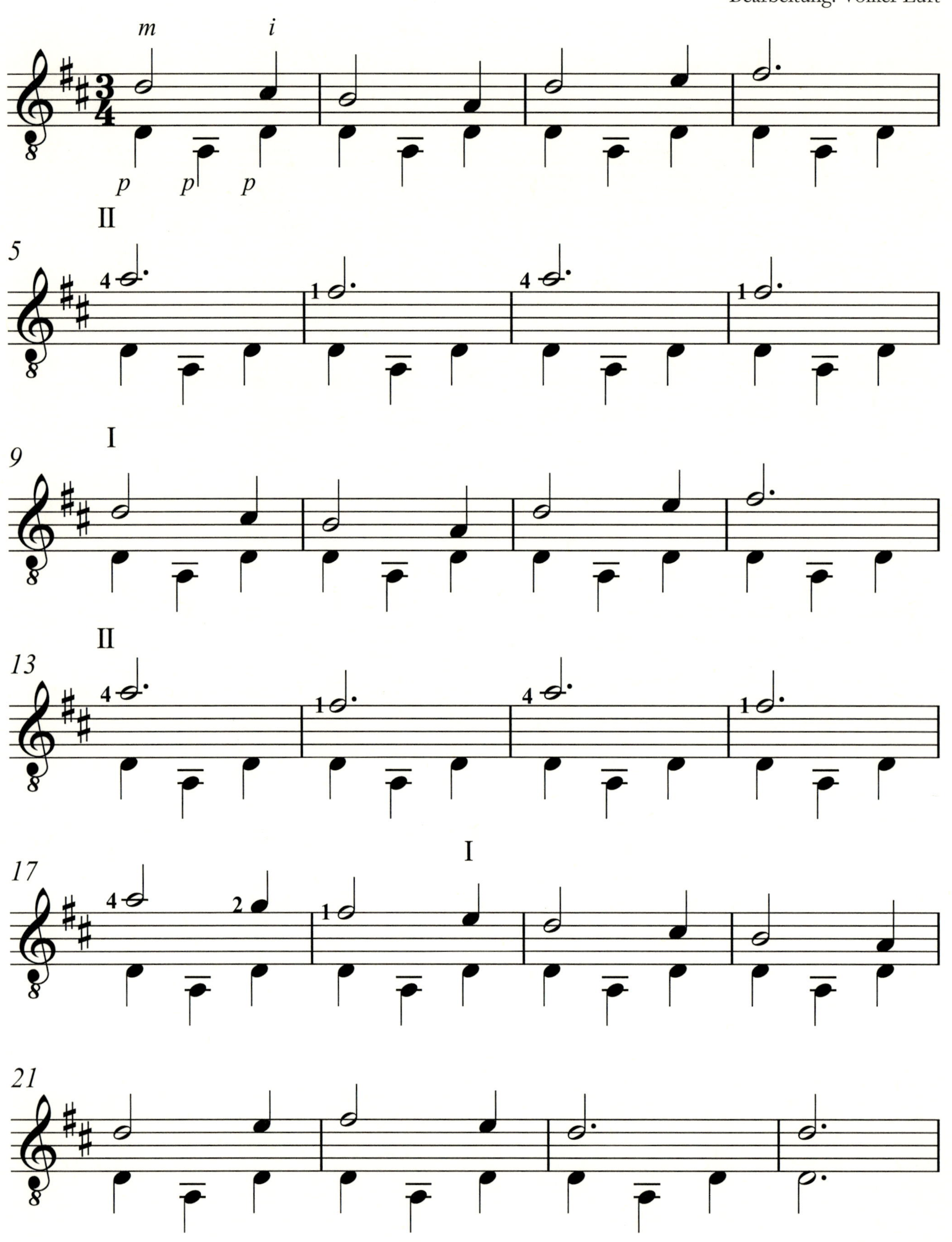

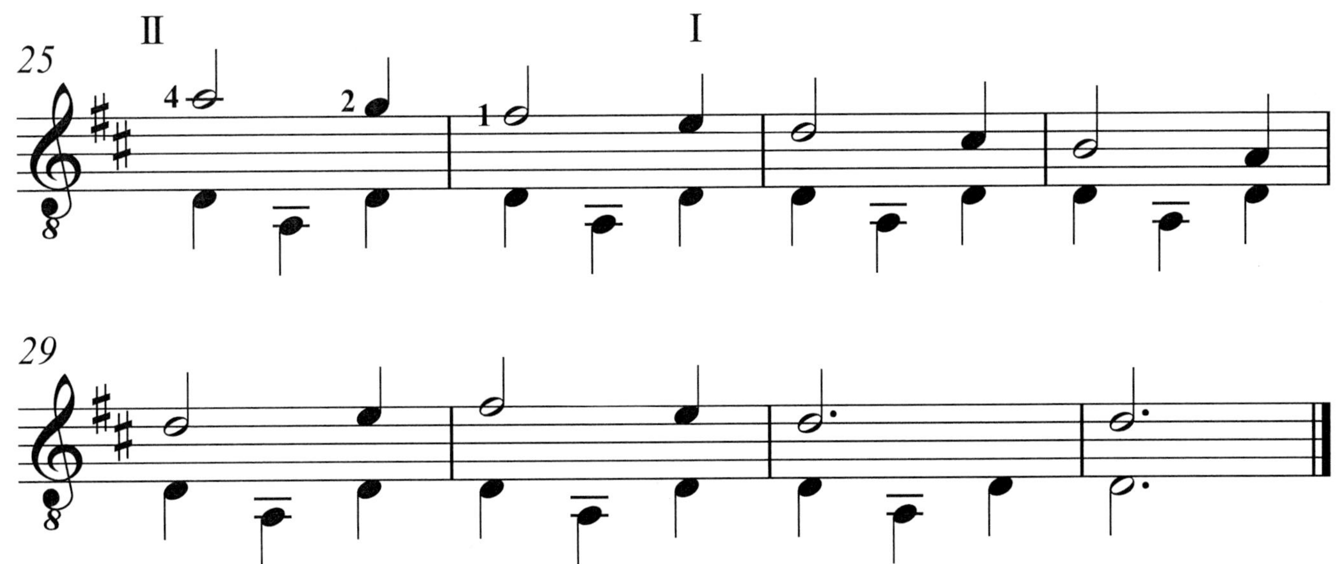
II
I
25
4
2
1
29

13. Welscher Tanz

Anonym, 16. Jahrhundert
Bearbeitung: Volker Luft

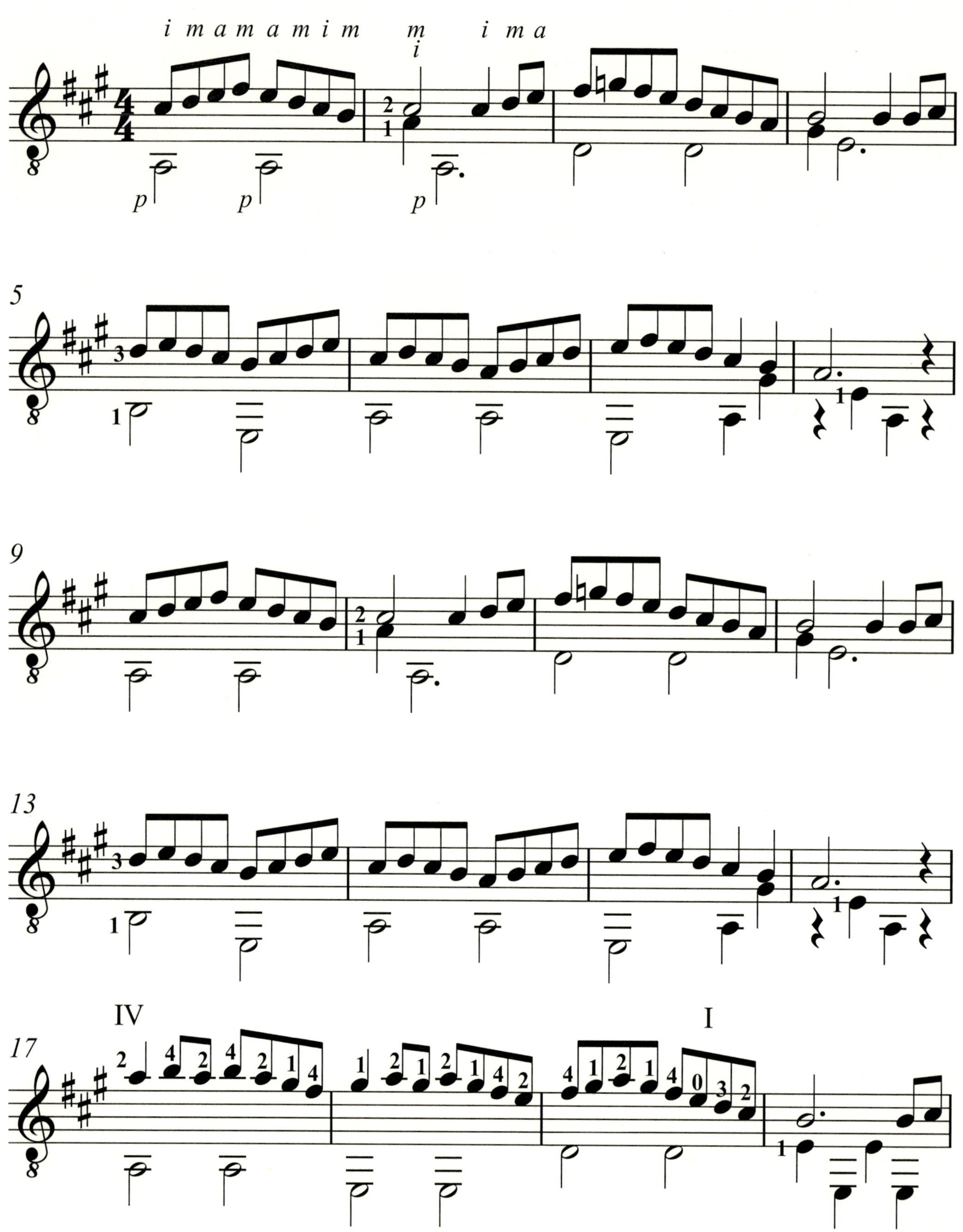

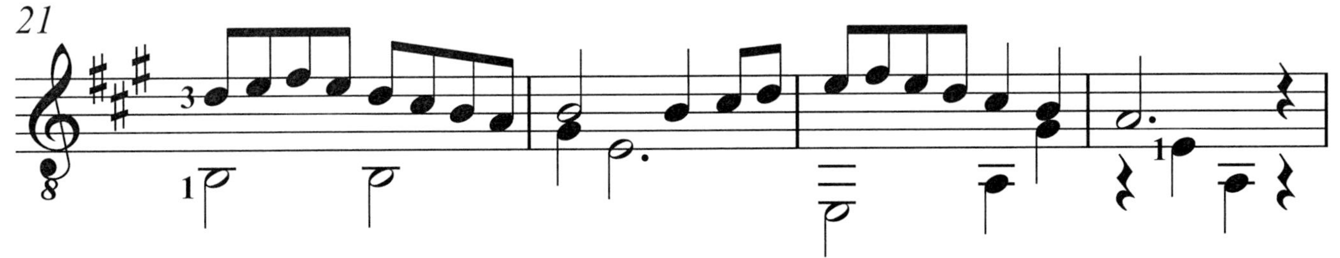
21

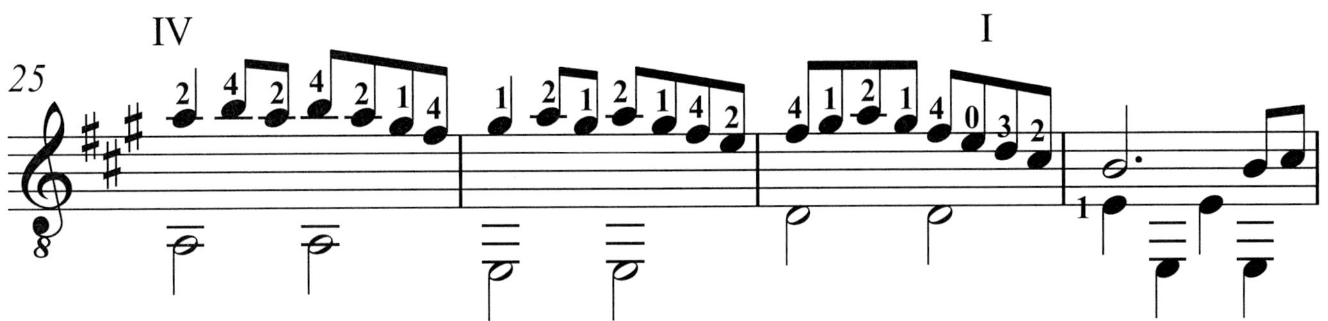
IV
25
I

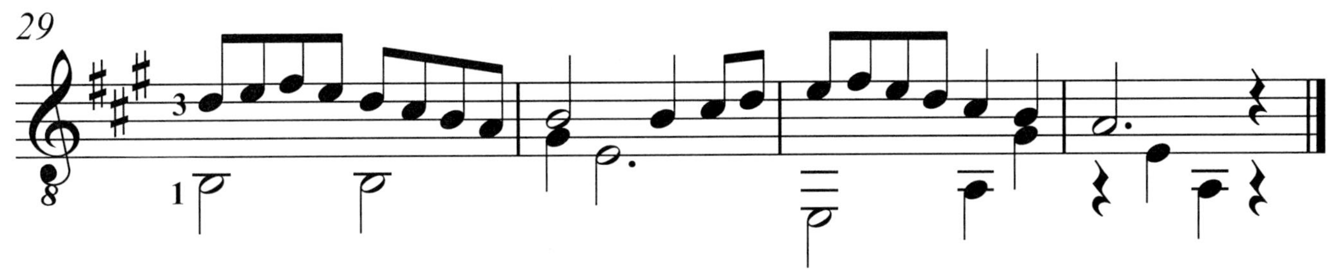
29

14. Mrs. Winter's Jump

John Dowland (1562–1626)/Bearbeitung: Volker Luft

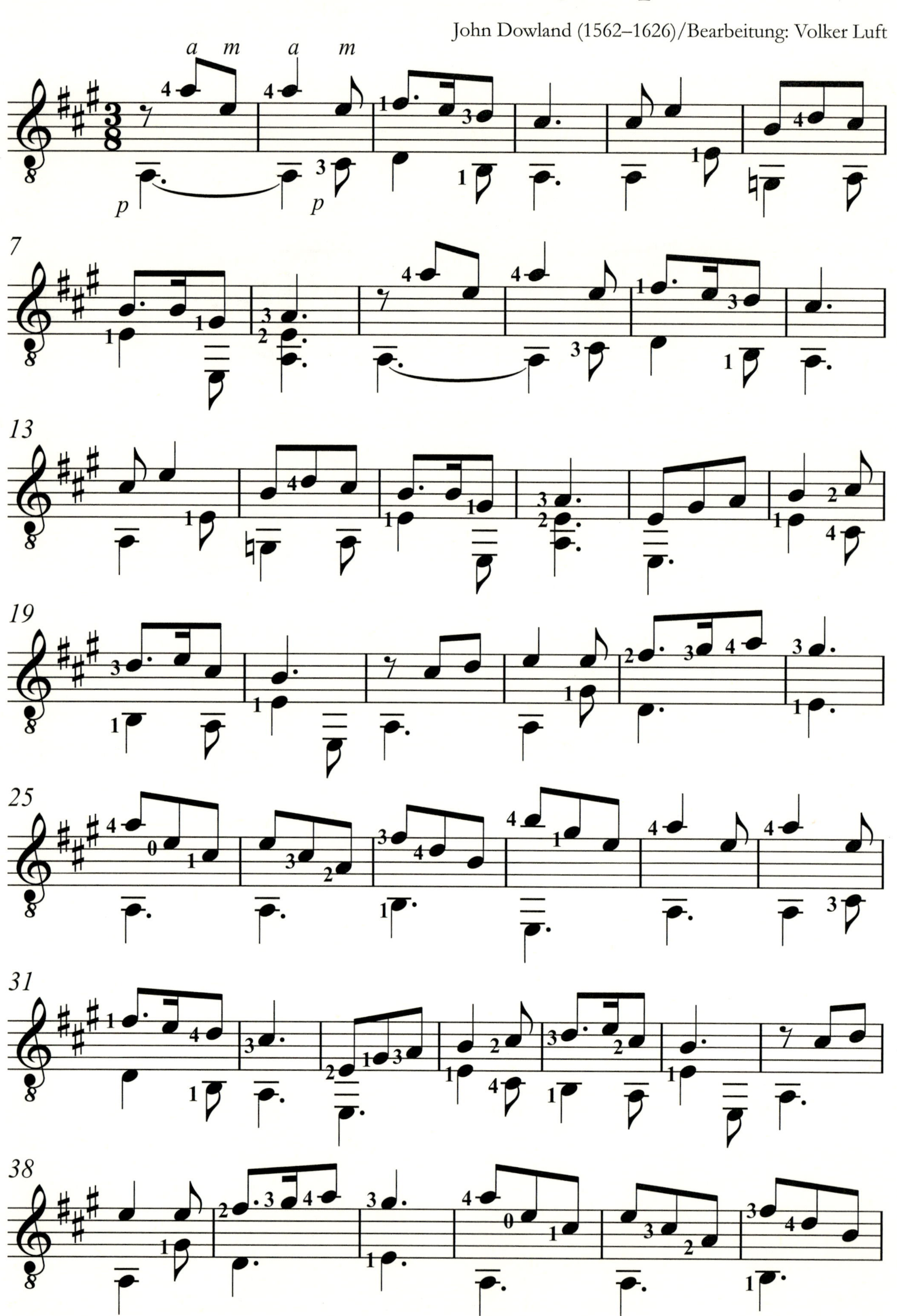

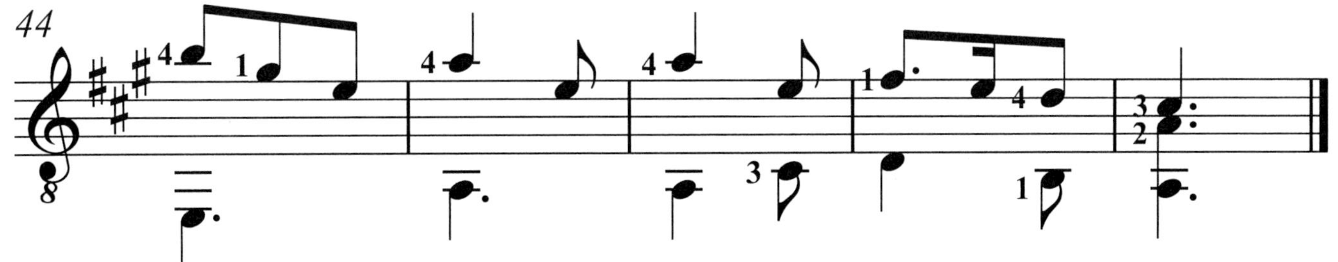

15. Allemande

Tilmann Susato (1510–1570)
Bearbeitung: Volker Luft

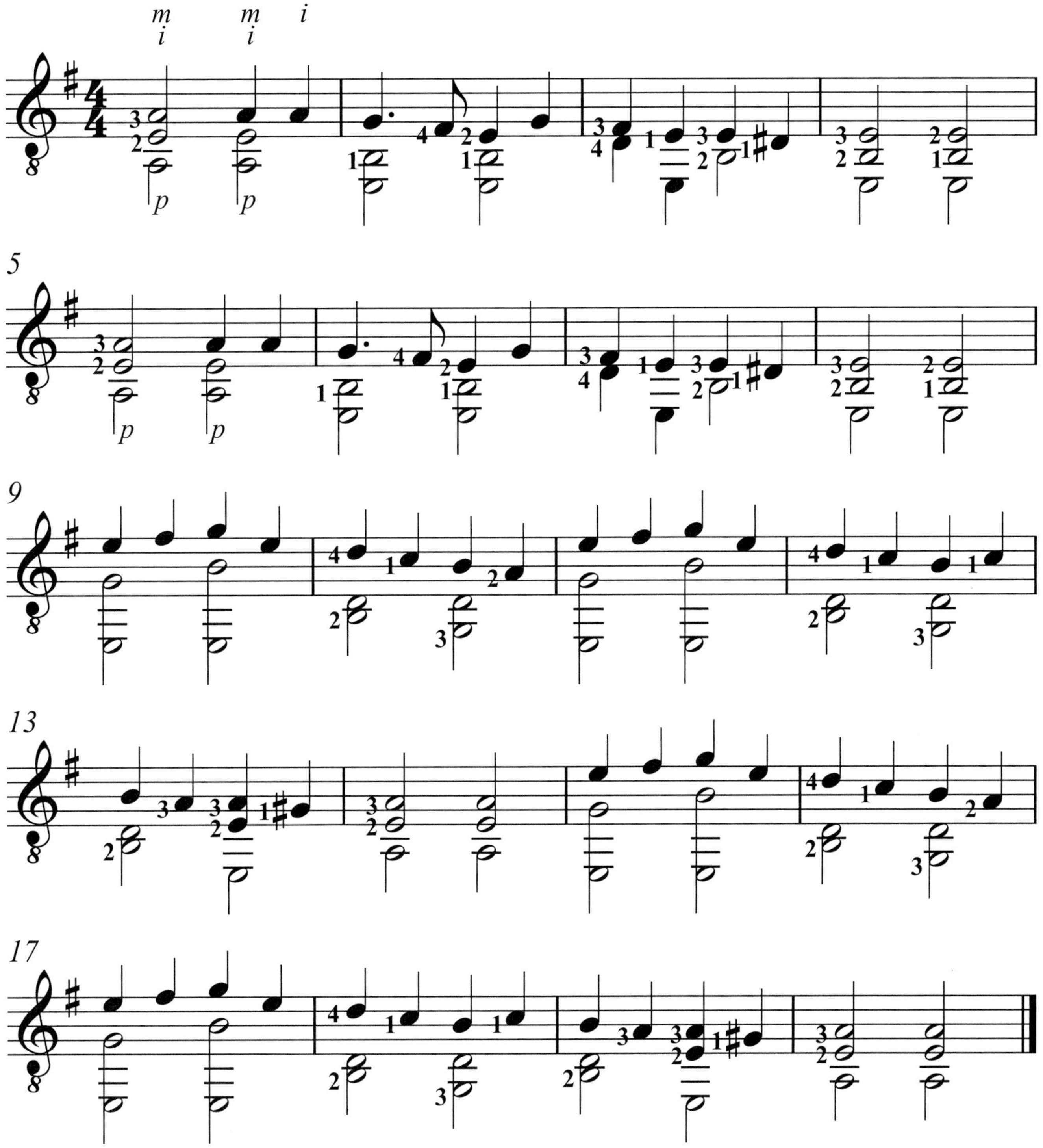

m m i
i i

p p

5

p p

9

13

17

16. Bianco Fiore

Cesare Negri (1536–1604)/Bearbeitung: Volker Luft

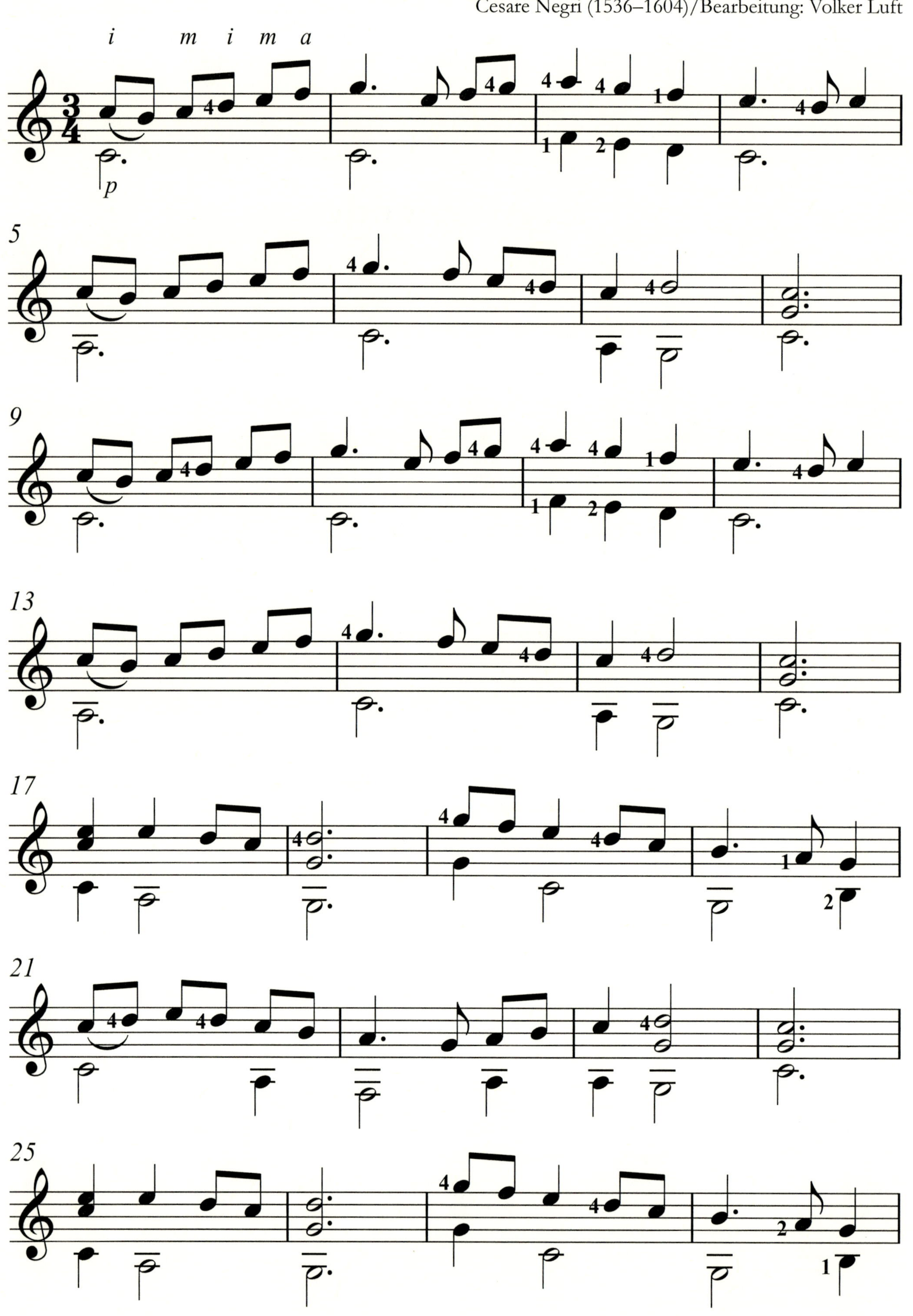

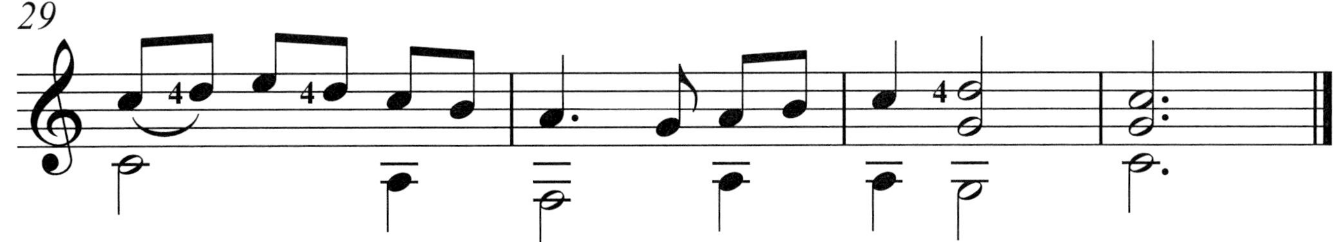

17. Allemande

Petrus Phalesius (1510–1573)
Bearbeitung: Volker Luft

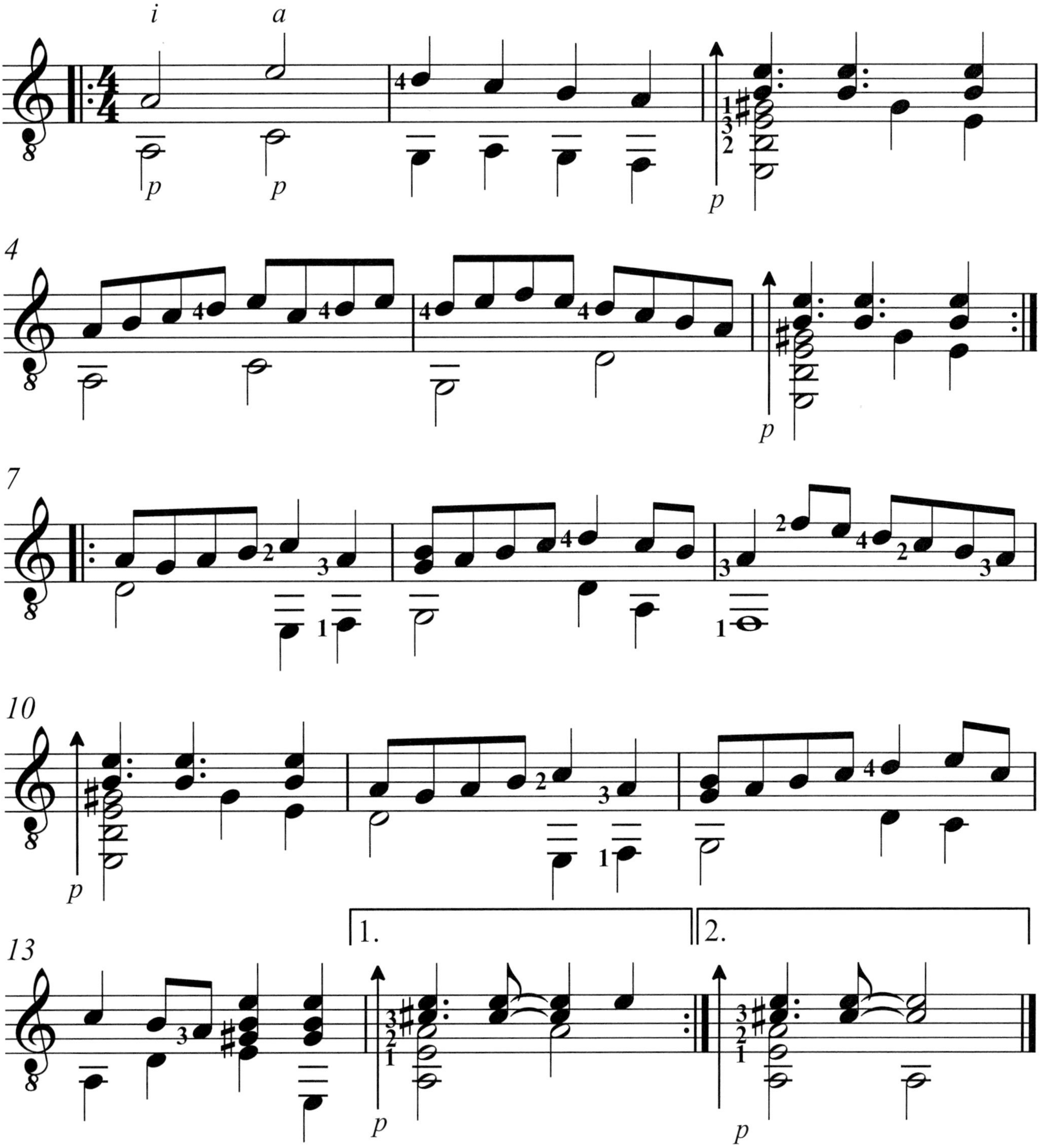

18. Spagnoletta

Mario Fabritio Caroso (1526–1600)
Bearbeitung: Volker Luft

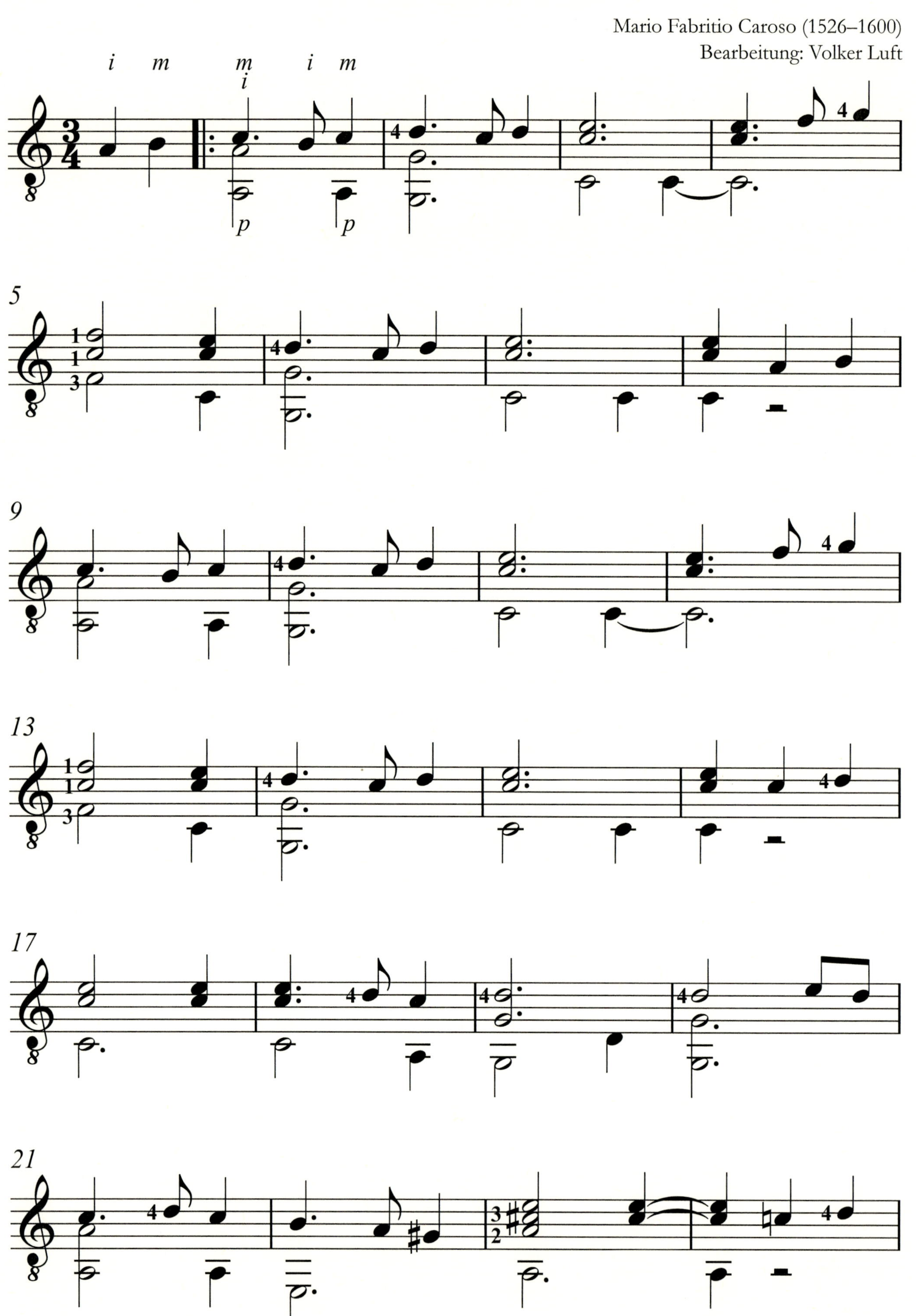

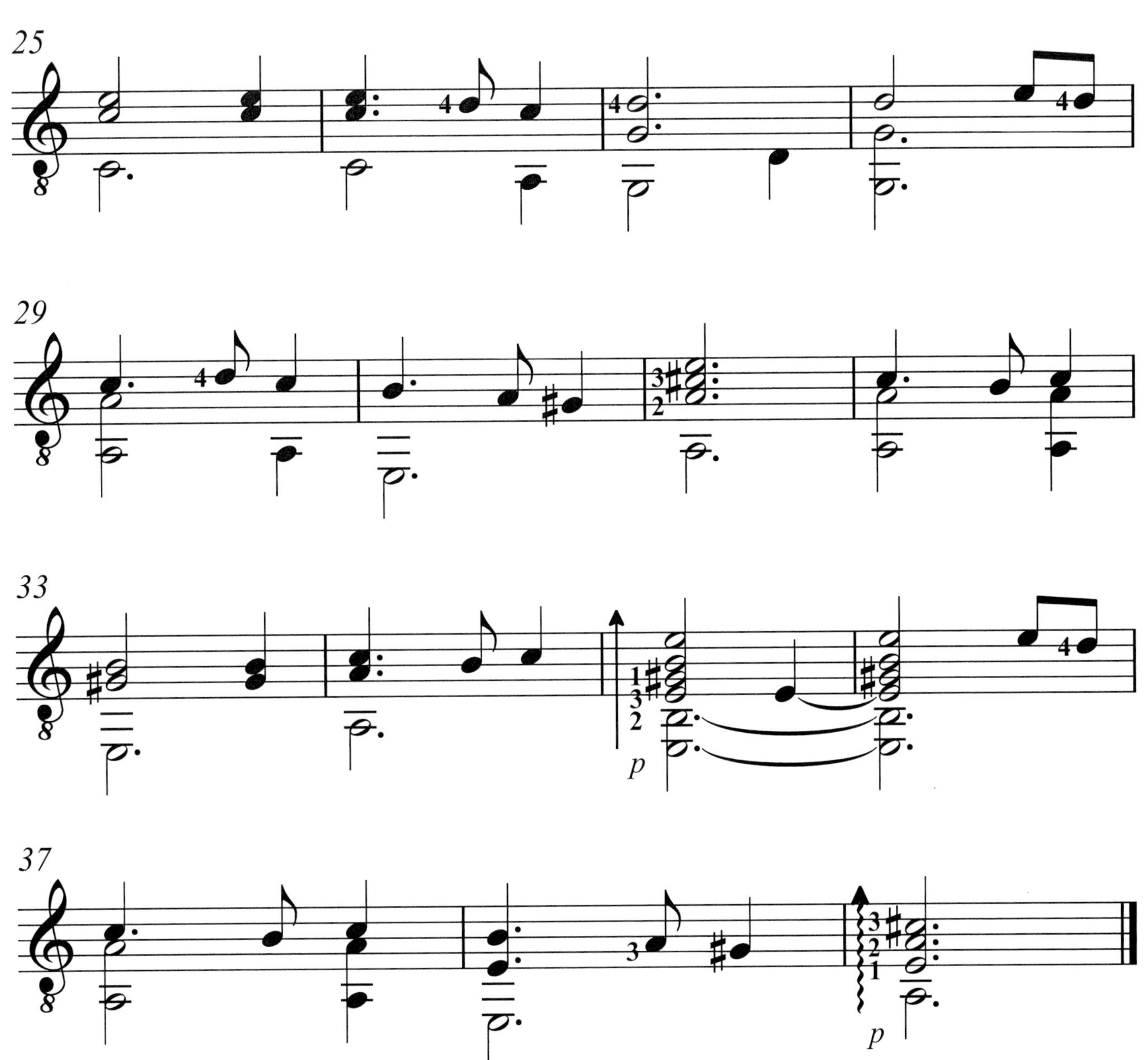
25
29
33
37
p
p

19. Volte

Johann Thysius (um 1578)
Bearbeitung: Volker Luft

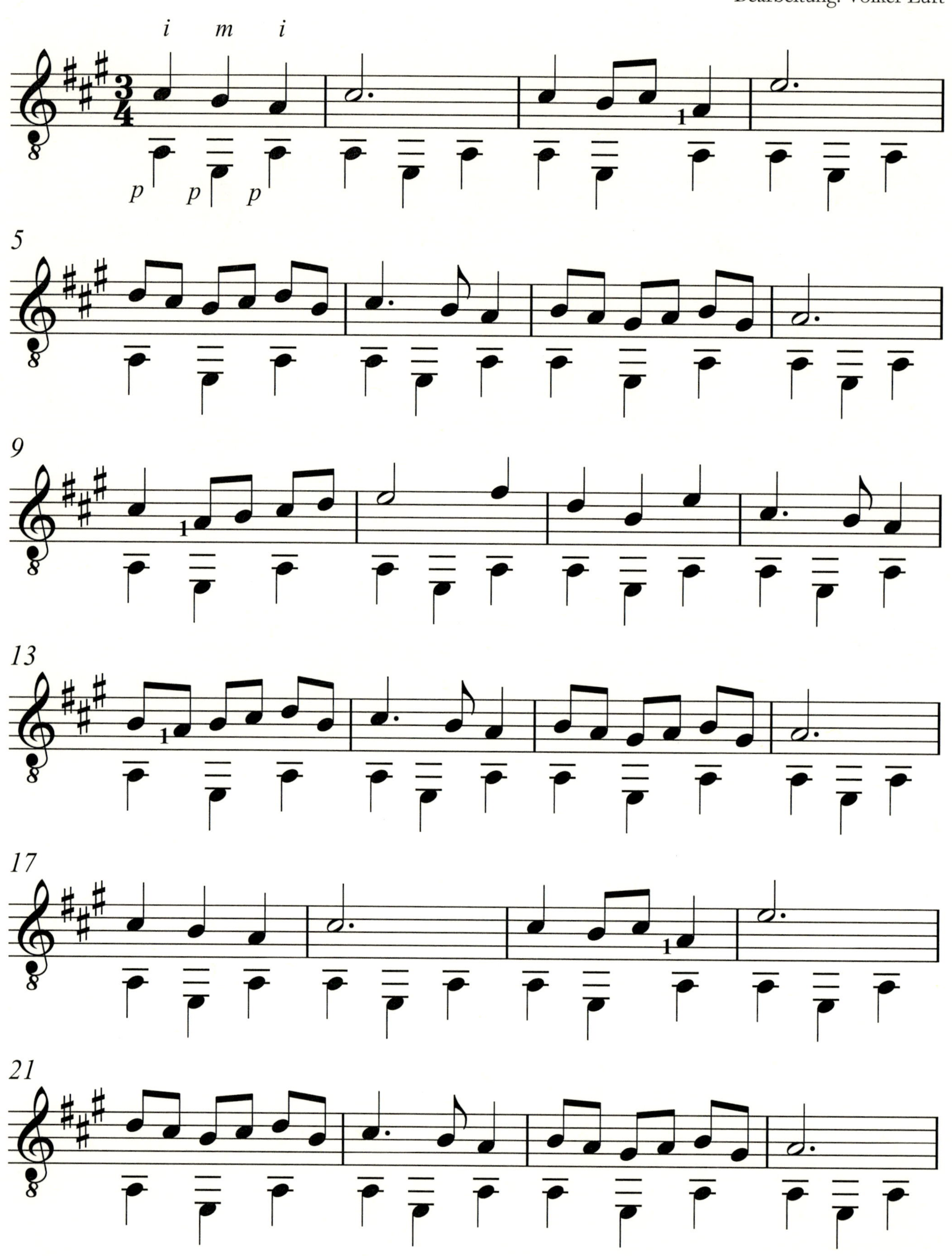

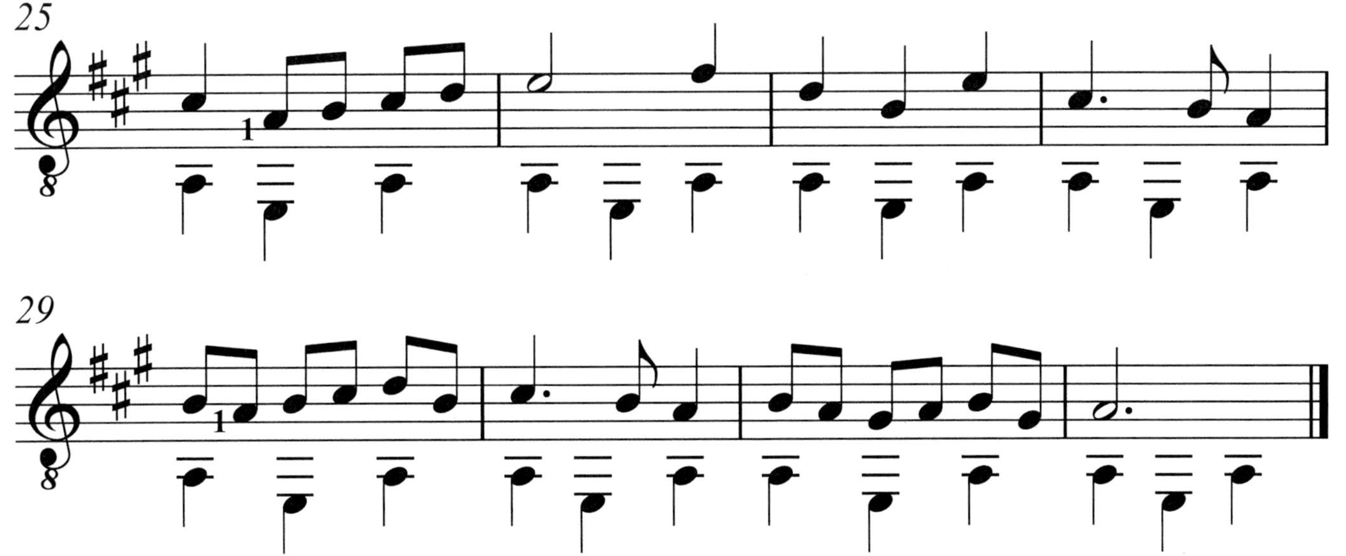
25
1
29
1

20. Ronde

Tilmann Susato (1510–1570)
Bearbeitung: Volker Luft

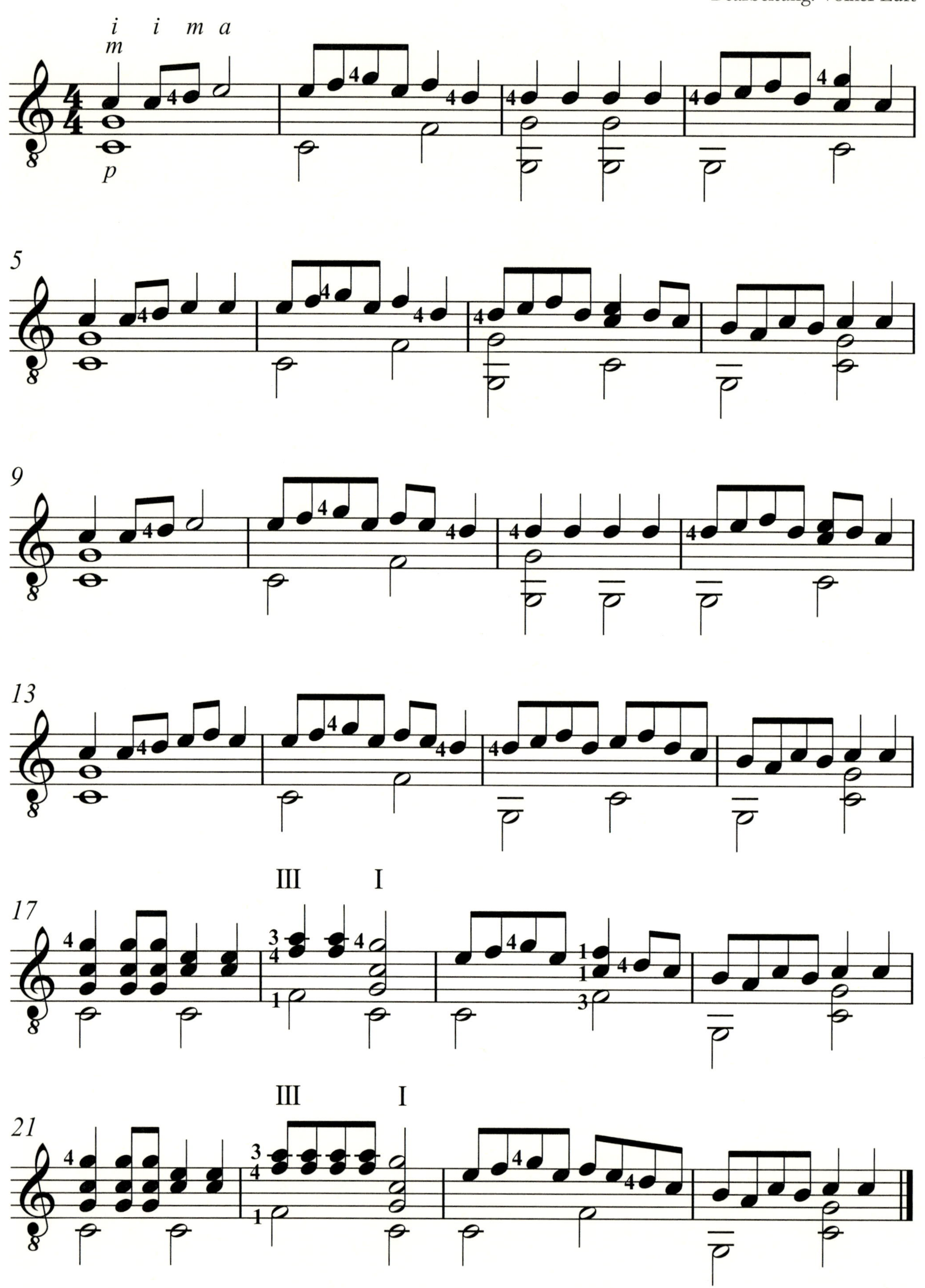

21. Bass Danse "La Magdalena"

Pierre Attaignant (1494–1552)
Bearbeitung: Volker Luft

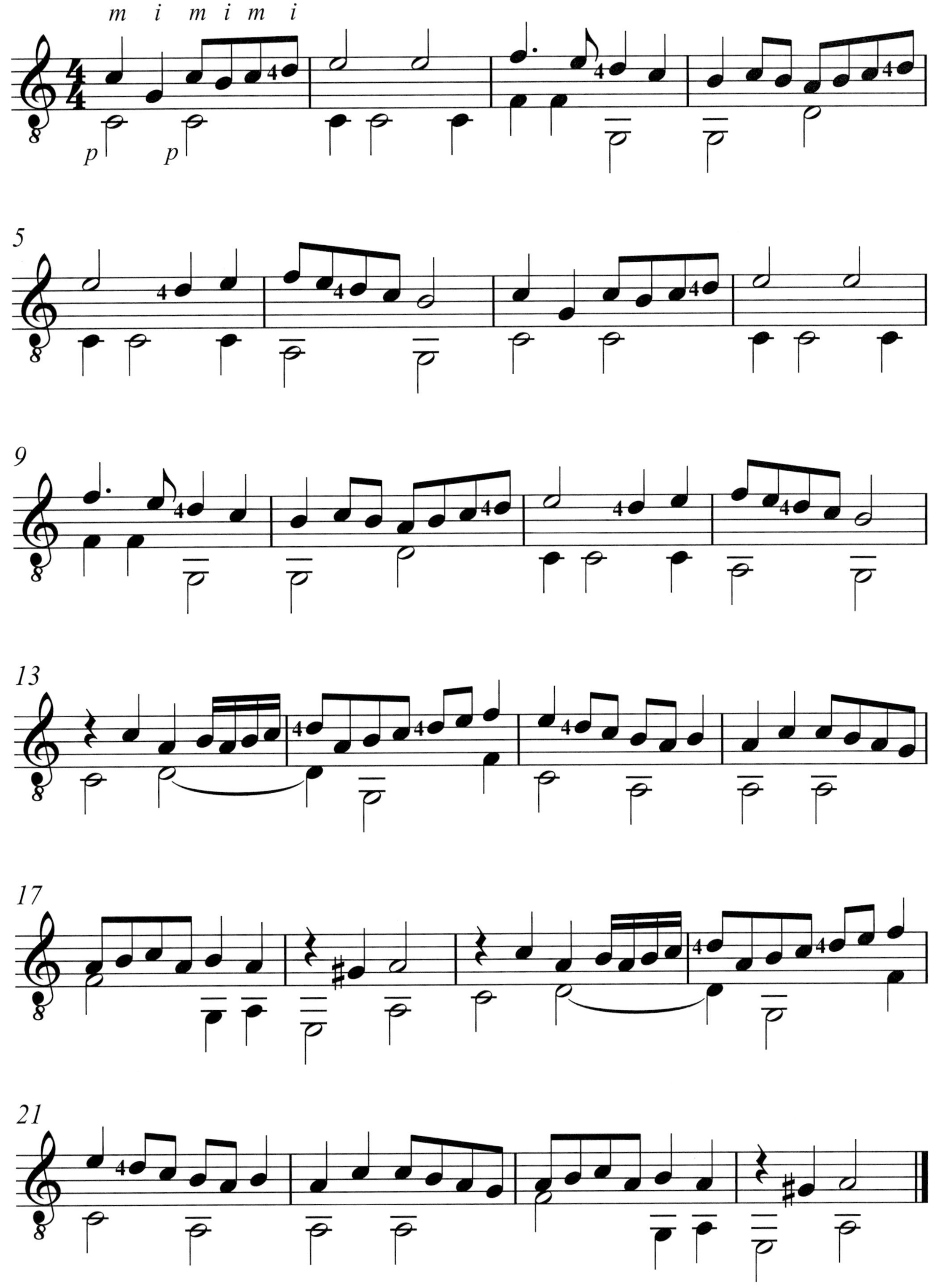

22. Recoupé "La Magdalena"

Pierre Attaignant (1494–1552)/Bearbeitung: Volker Luft

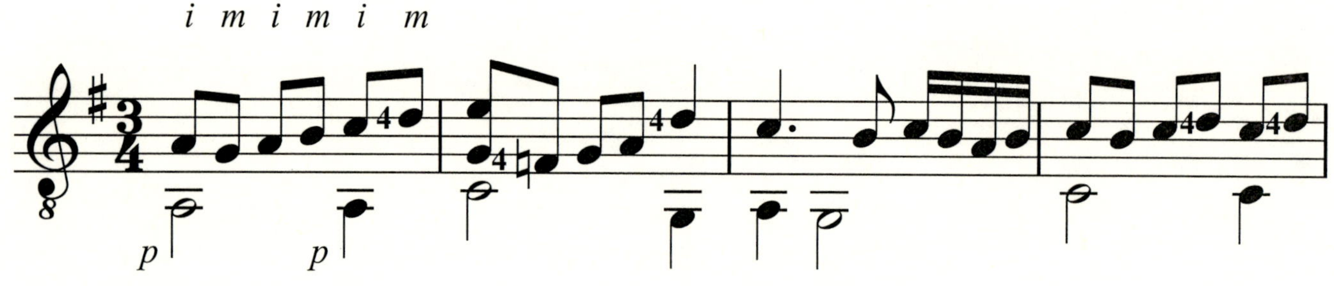

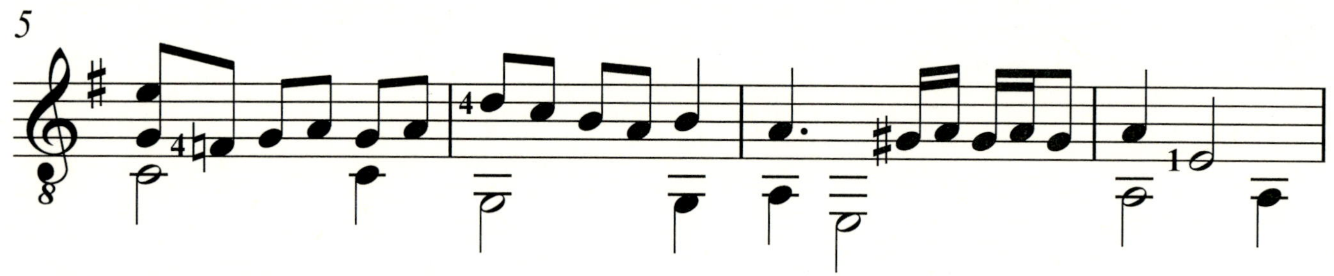

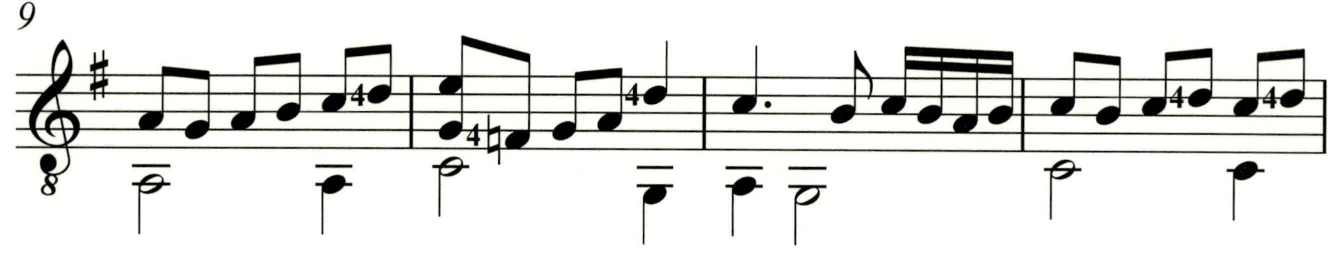

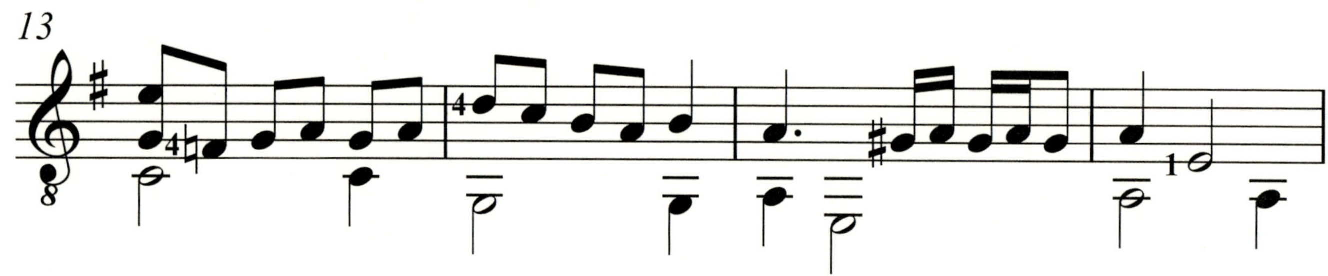

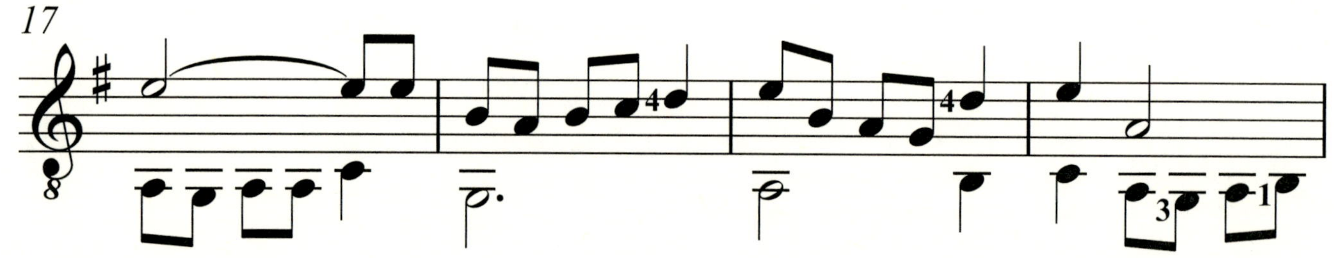

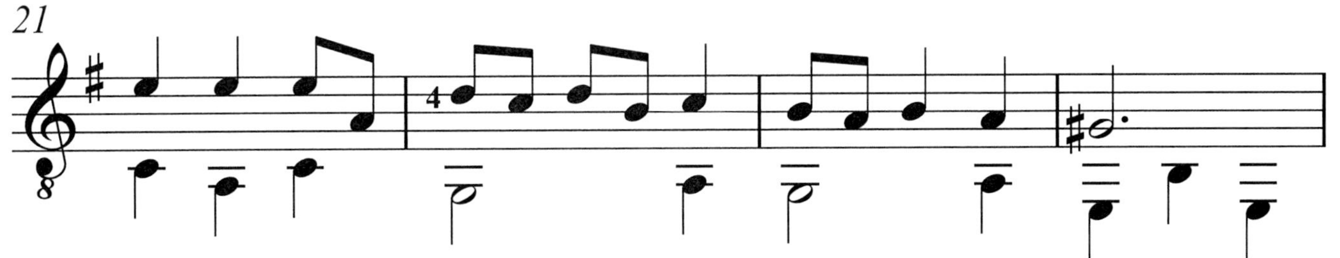
21
4

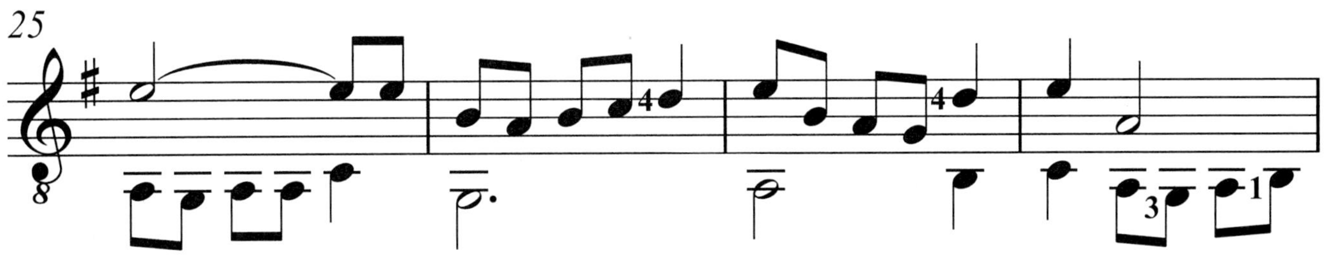
25
4
4
3
1

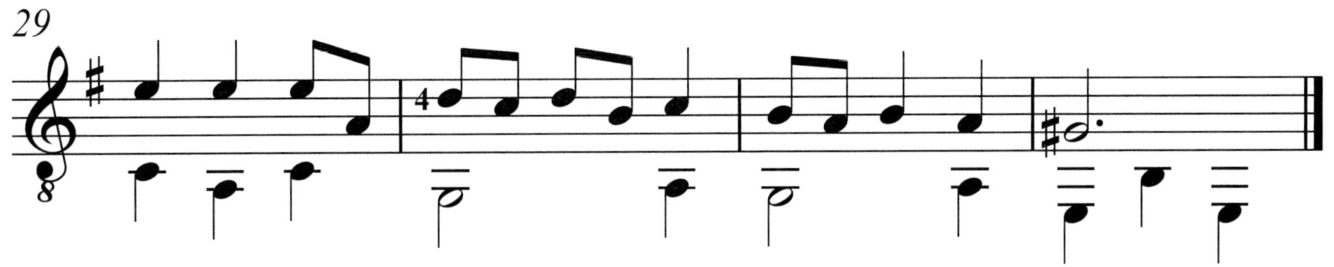
29
4

23. Tourdion "La Magdalena"

Pierre Attaignant (1494–1552)
Bearbeitung: Volker Luft

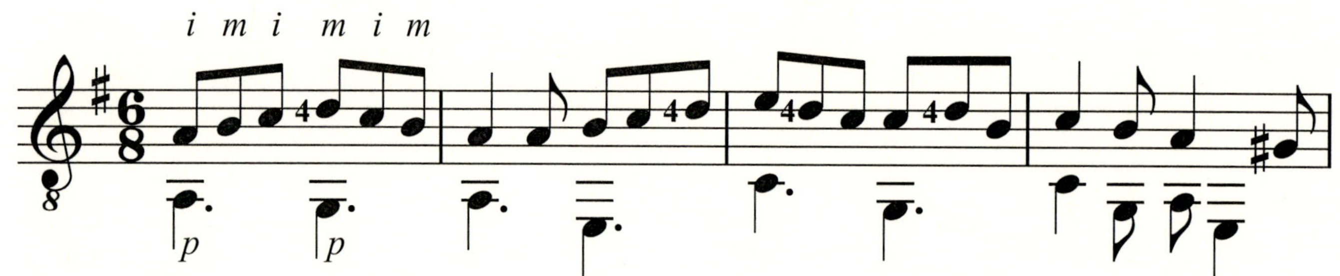

5
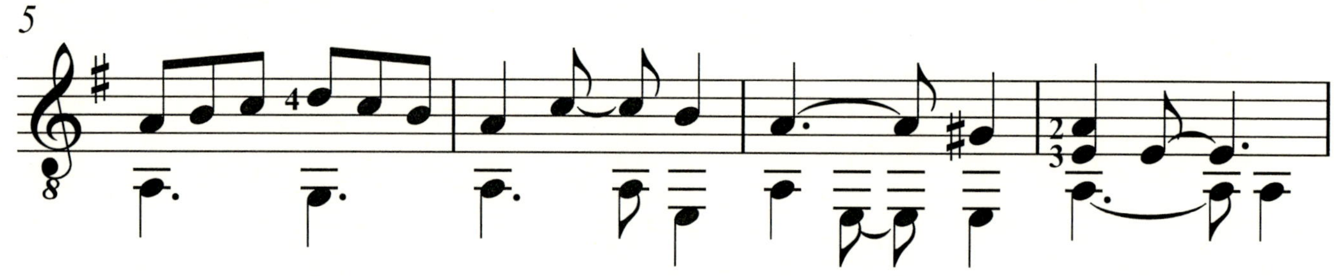

9
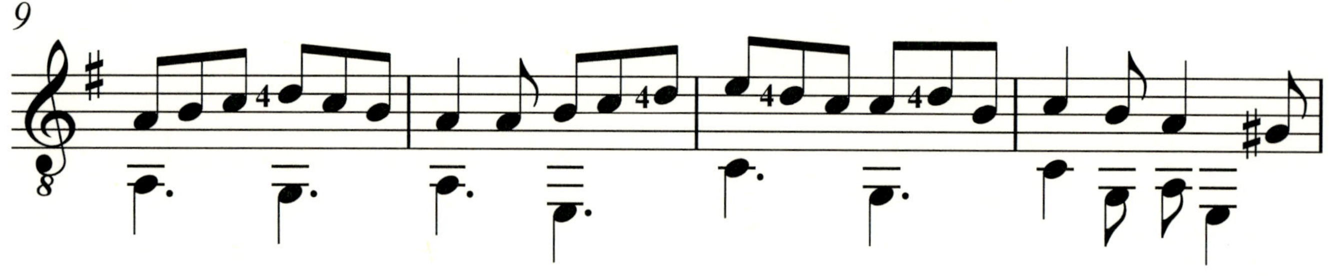

13
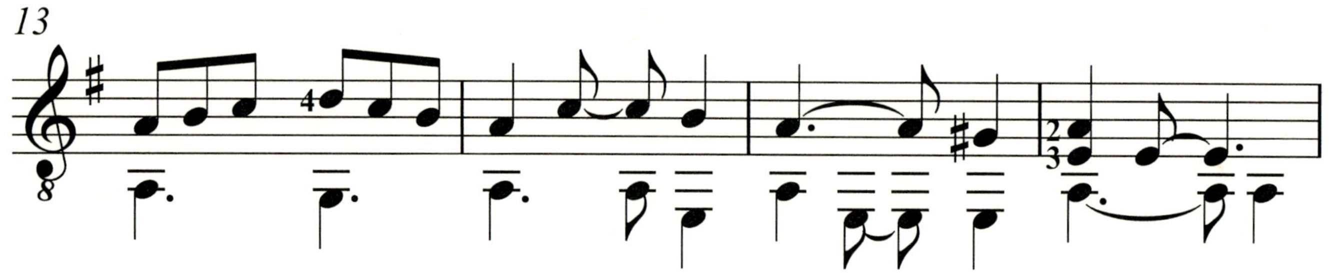

17
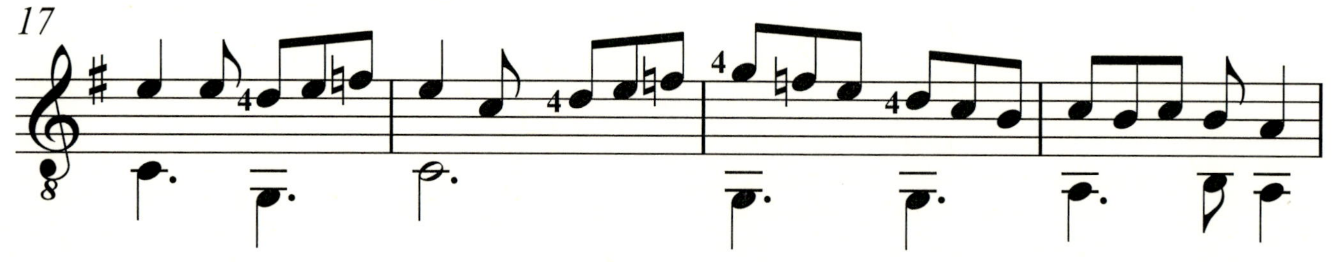

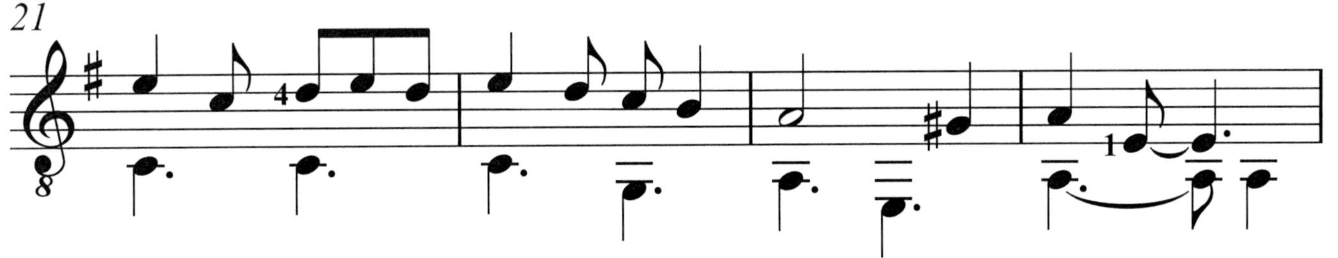
21
4
1

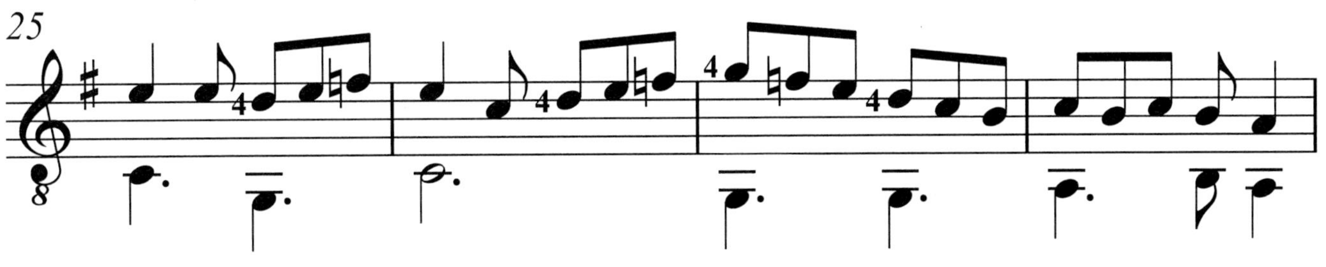
25
4
4
4
4

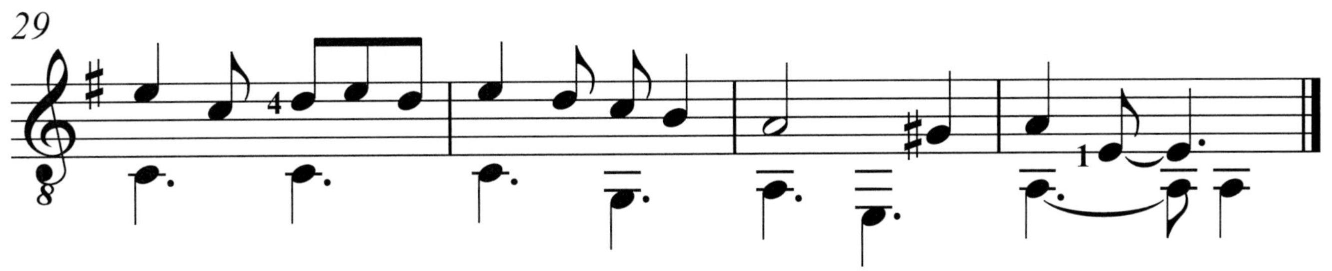
29
4
1

24. Branle de Bourgogne

Adrian Le Roy (1520–1598)/Bearbeitung: Volker Luft

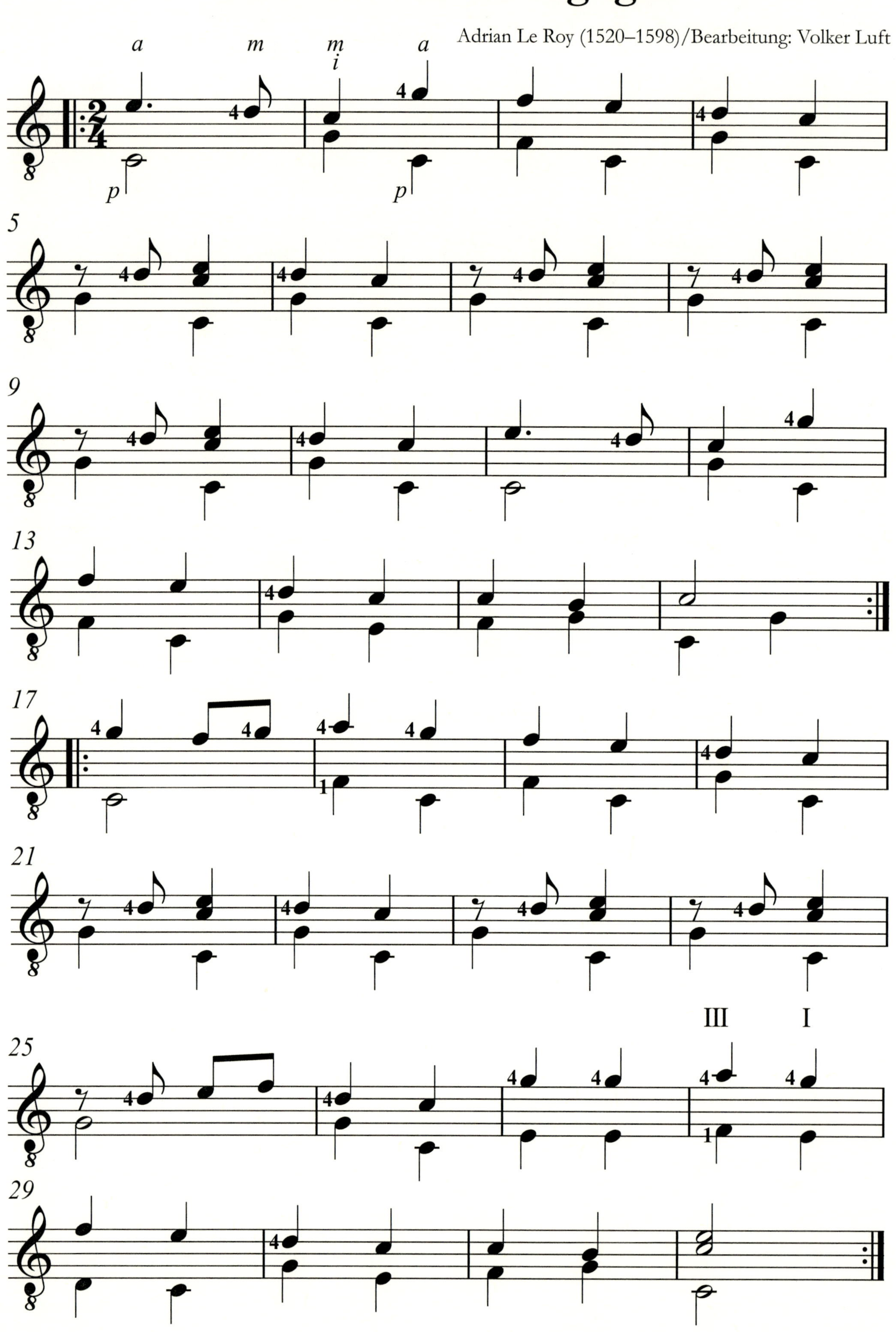

25. La Rotta

Anonym, 14. Jahrhundert
Bearbeitung: Volker Luft

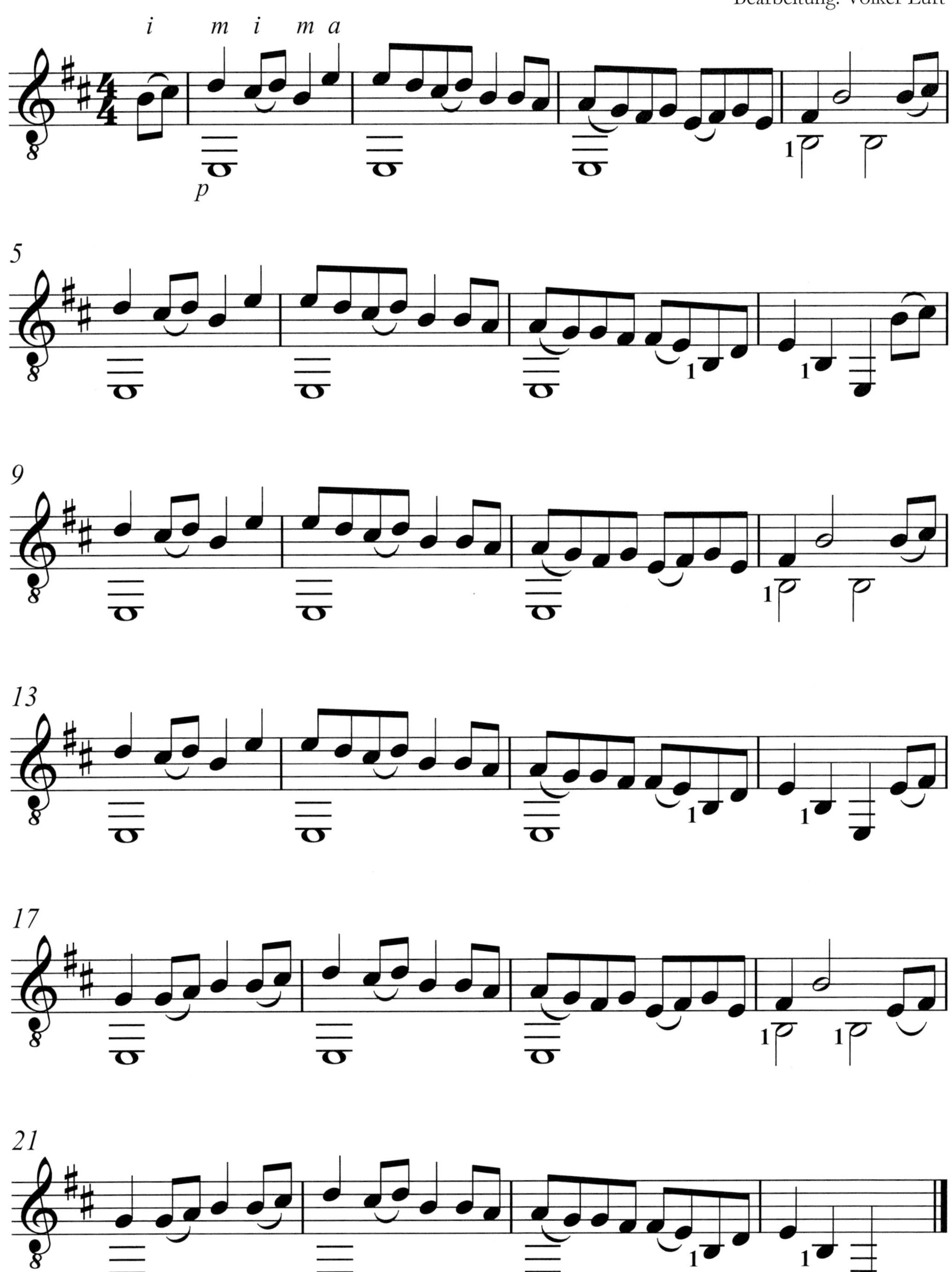

26. A Gigue

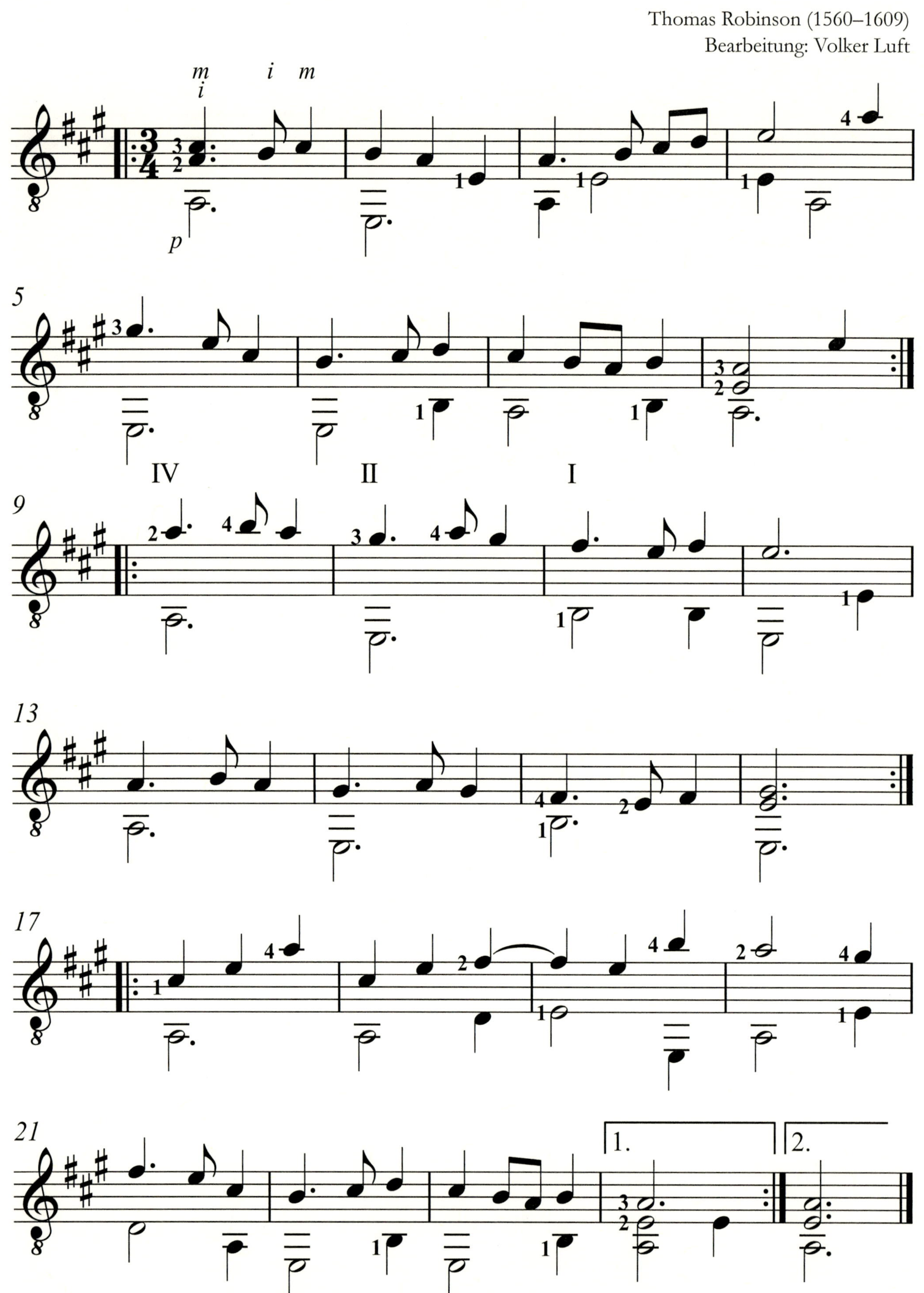

27. Entlaubet ist uns der Walde

Hans Newsidler (1508–1563)
Bearbeitung: Volker Luft

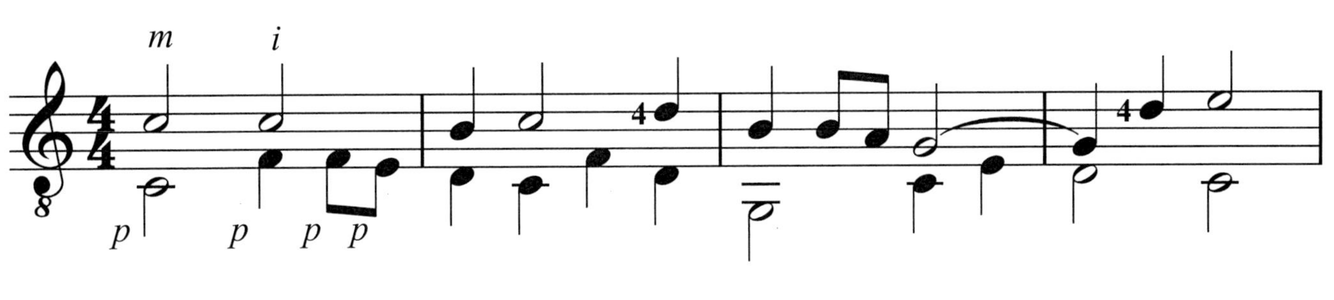

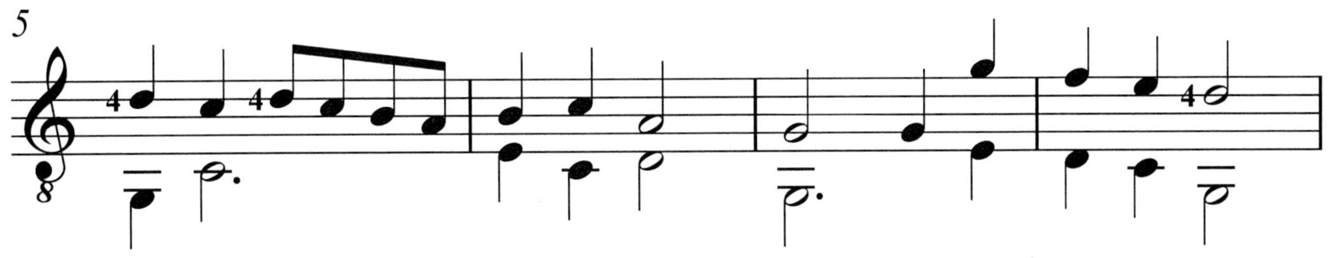

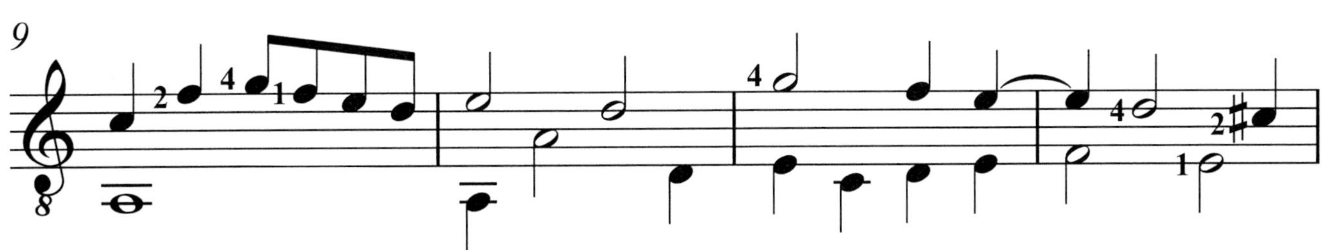

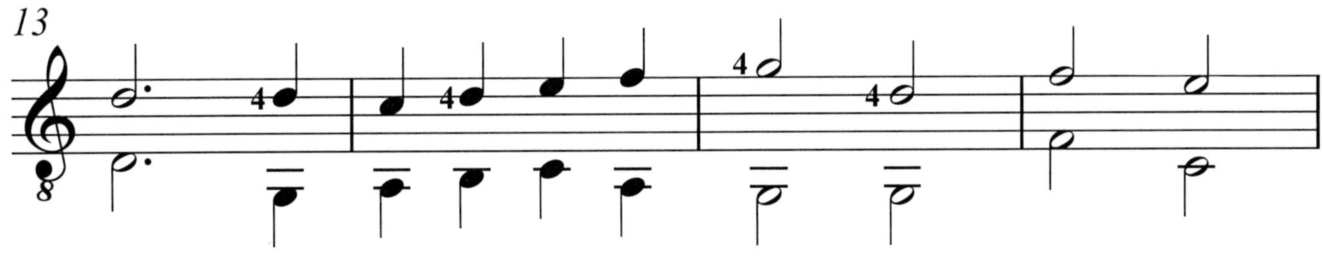

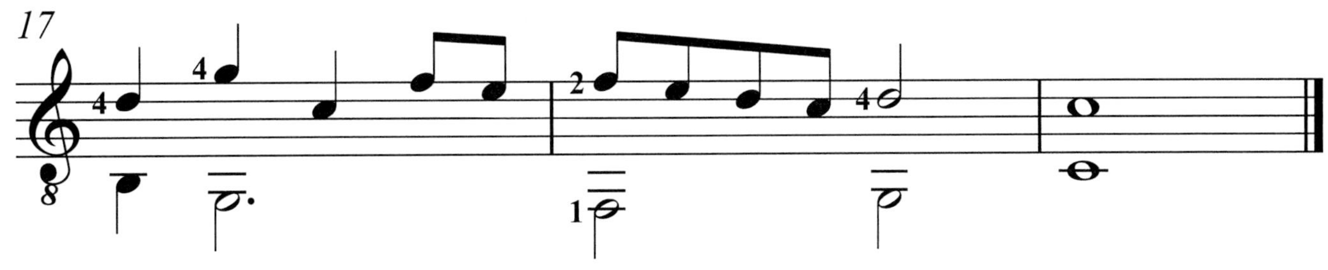

28. Danse Anglaise

Anonym, 16. Jahrhundert
Bearbeitung: Volker Luft

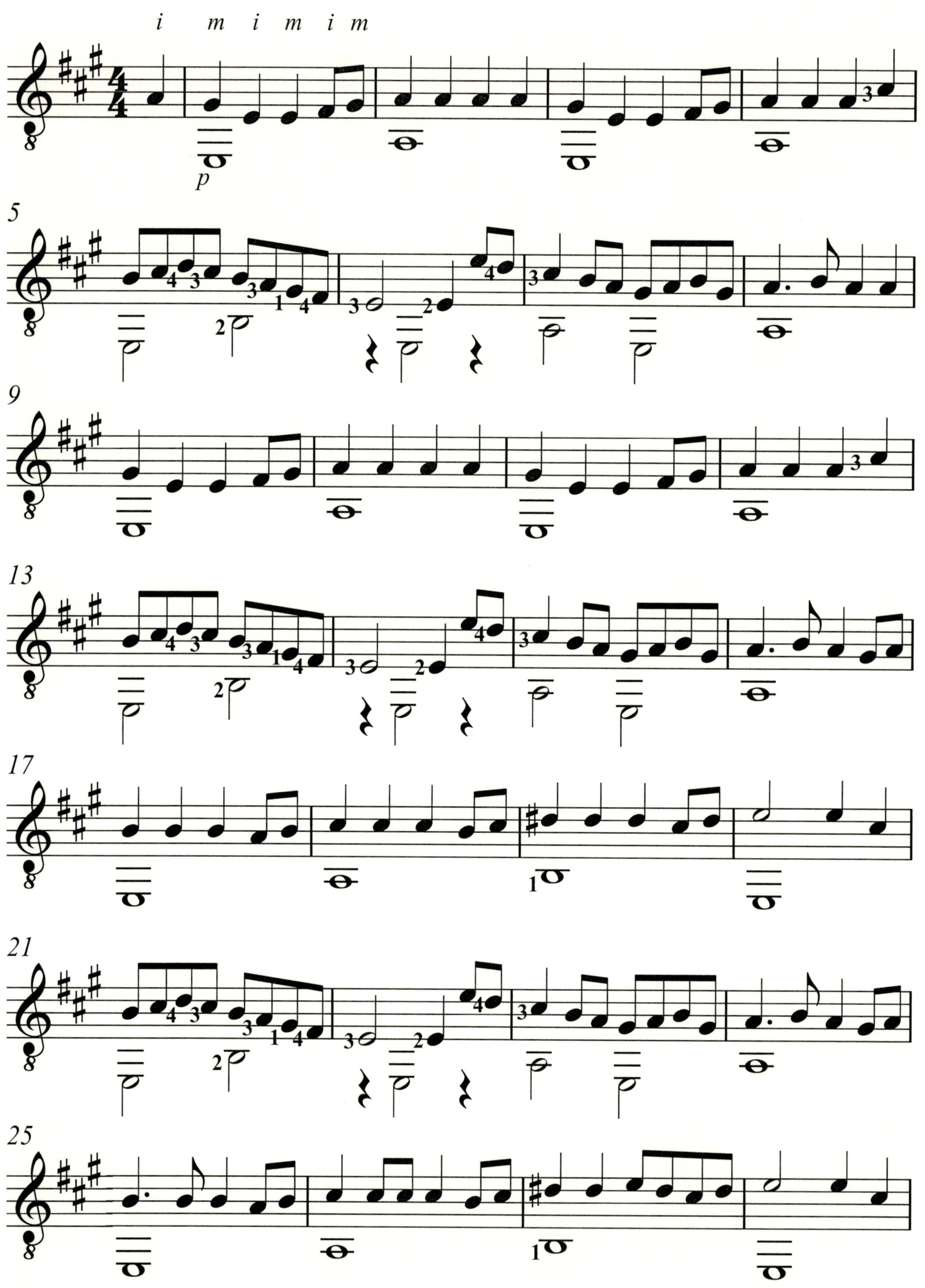

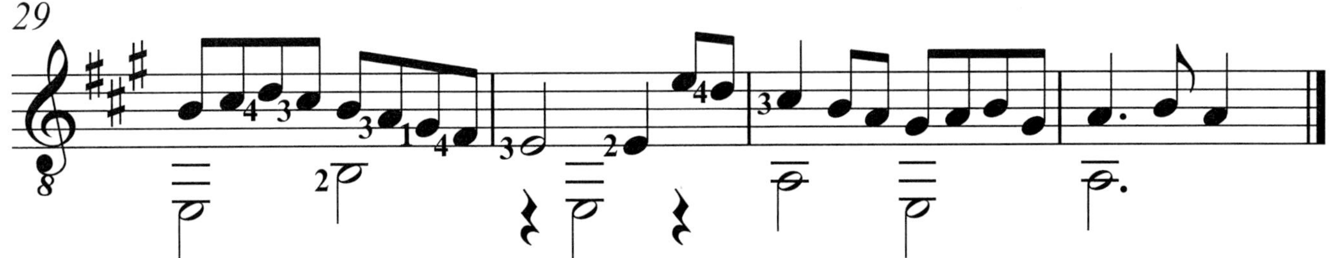

29. Wo soll ich mich hin kehren ich armes

Hans Judenkunig (1450–1526)
Bearbeitung: Volker Luft

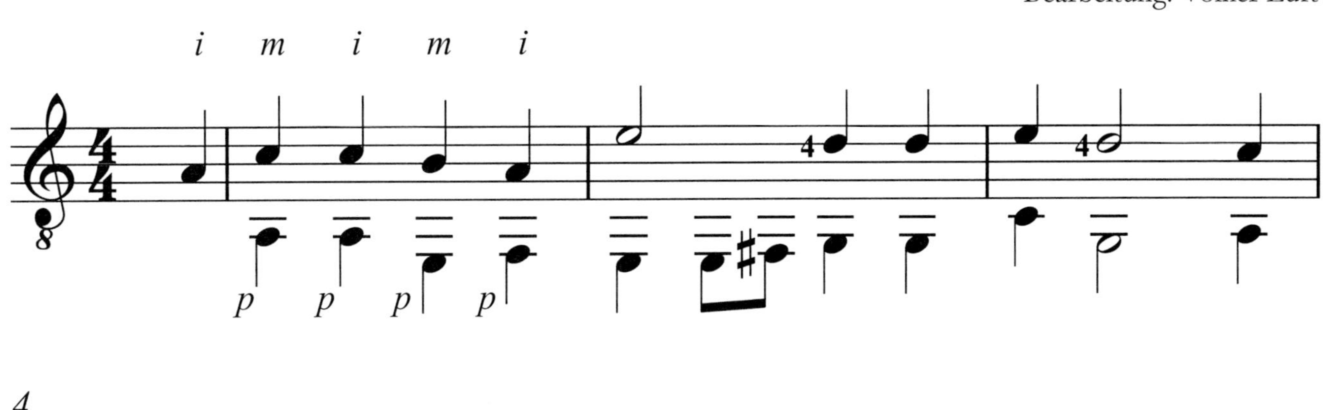

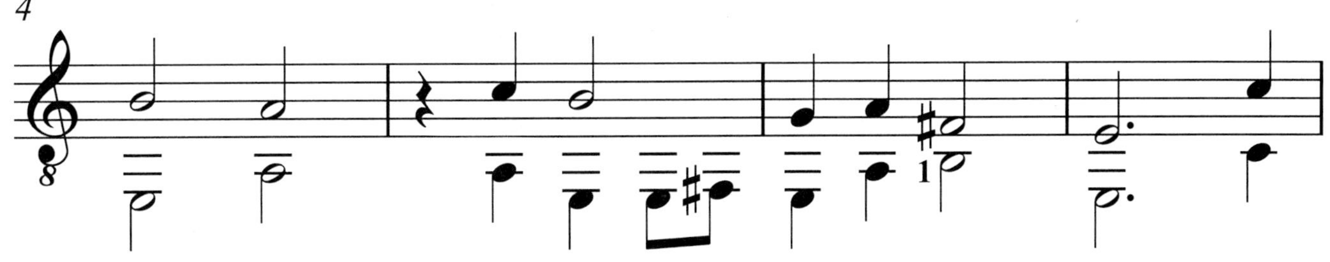

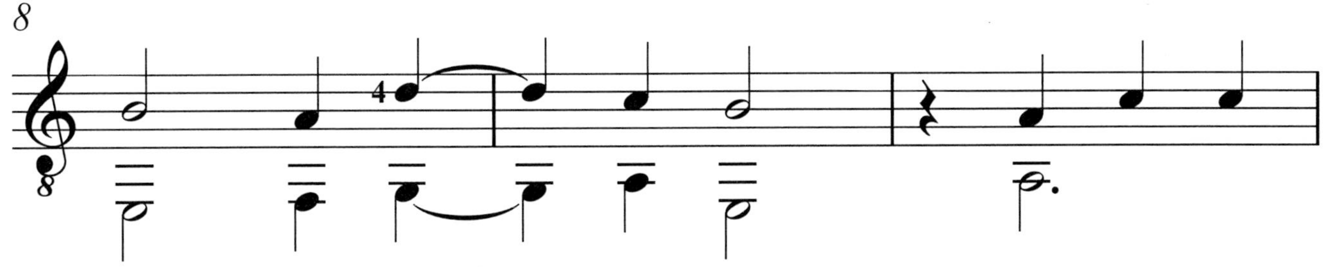

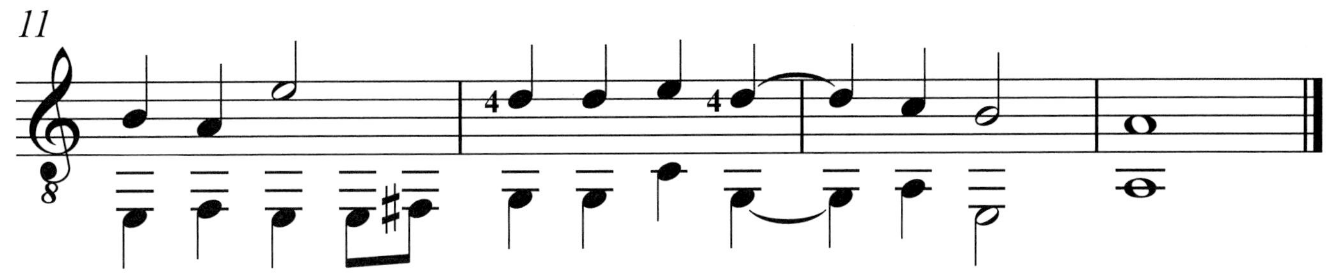

30. La Roque (Basse Danse)

Pierre Attaignant (1494–1552)/Bearbeitung: Volker Luft

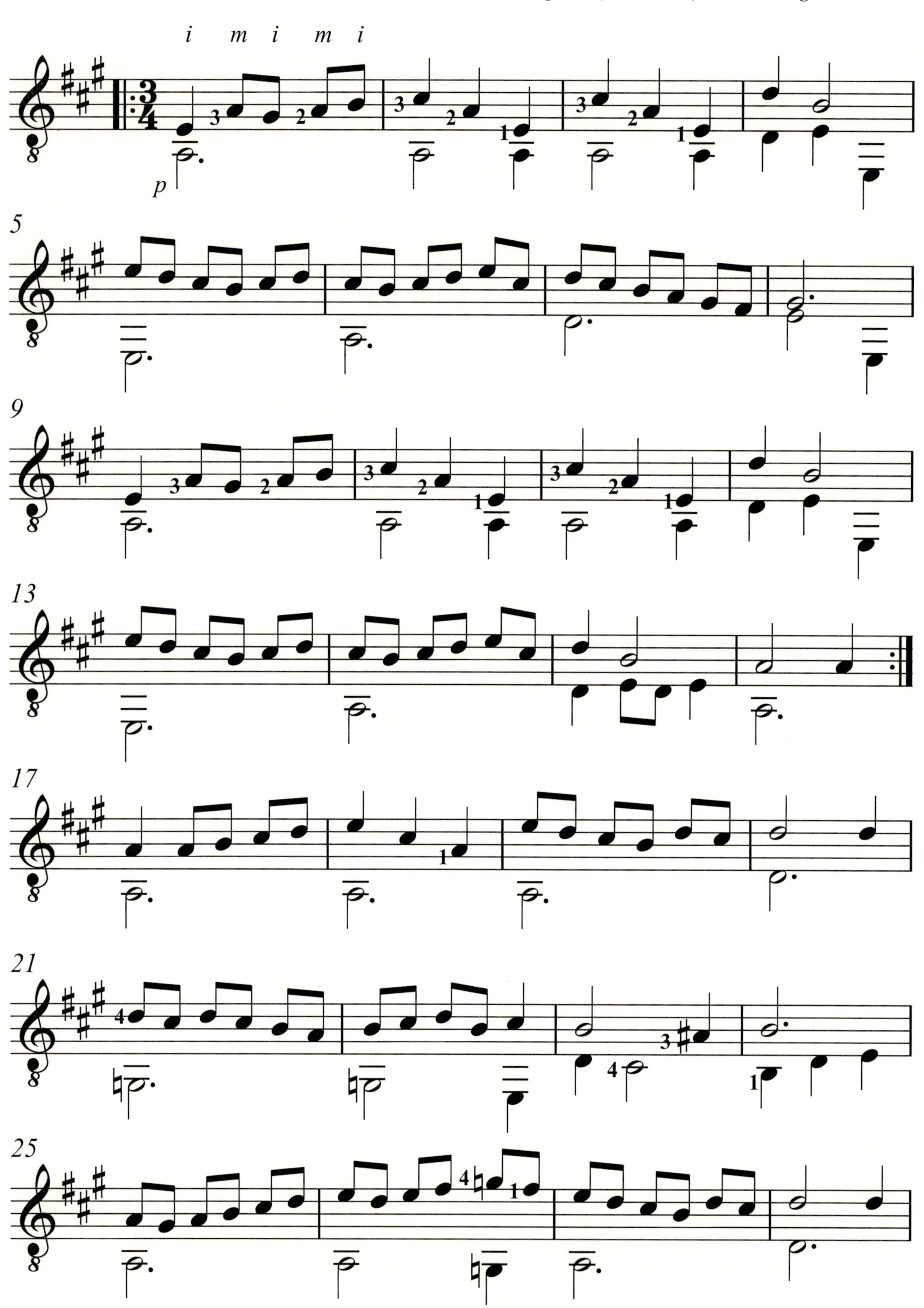

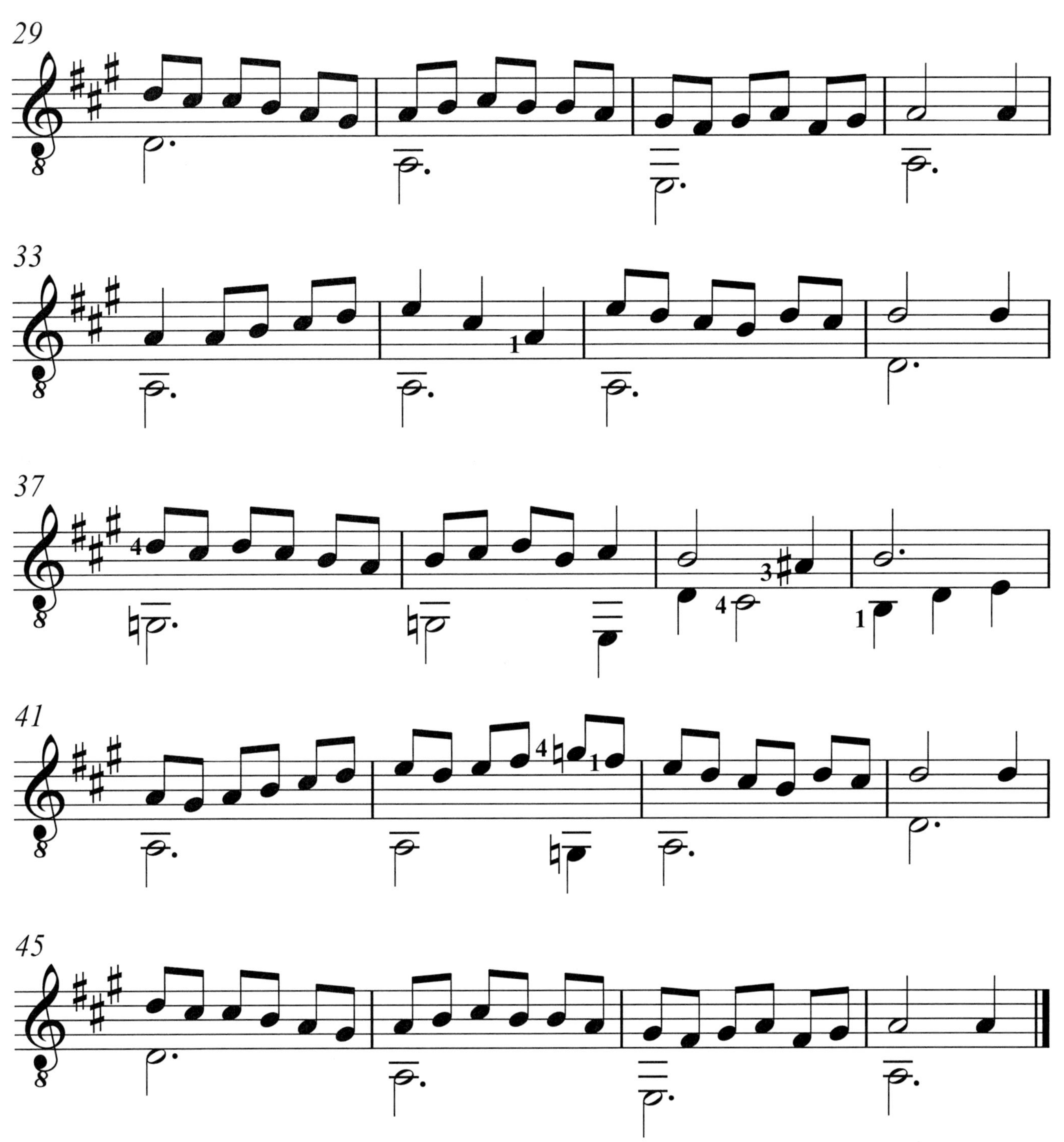
29
33
1
37
4
3
4
1
41
4
1
45

31. Wilsons's Wilde

Anonym, 14. Jahrhundert
Bearbeitung: Volker Luft

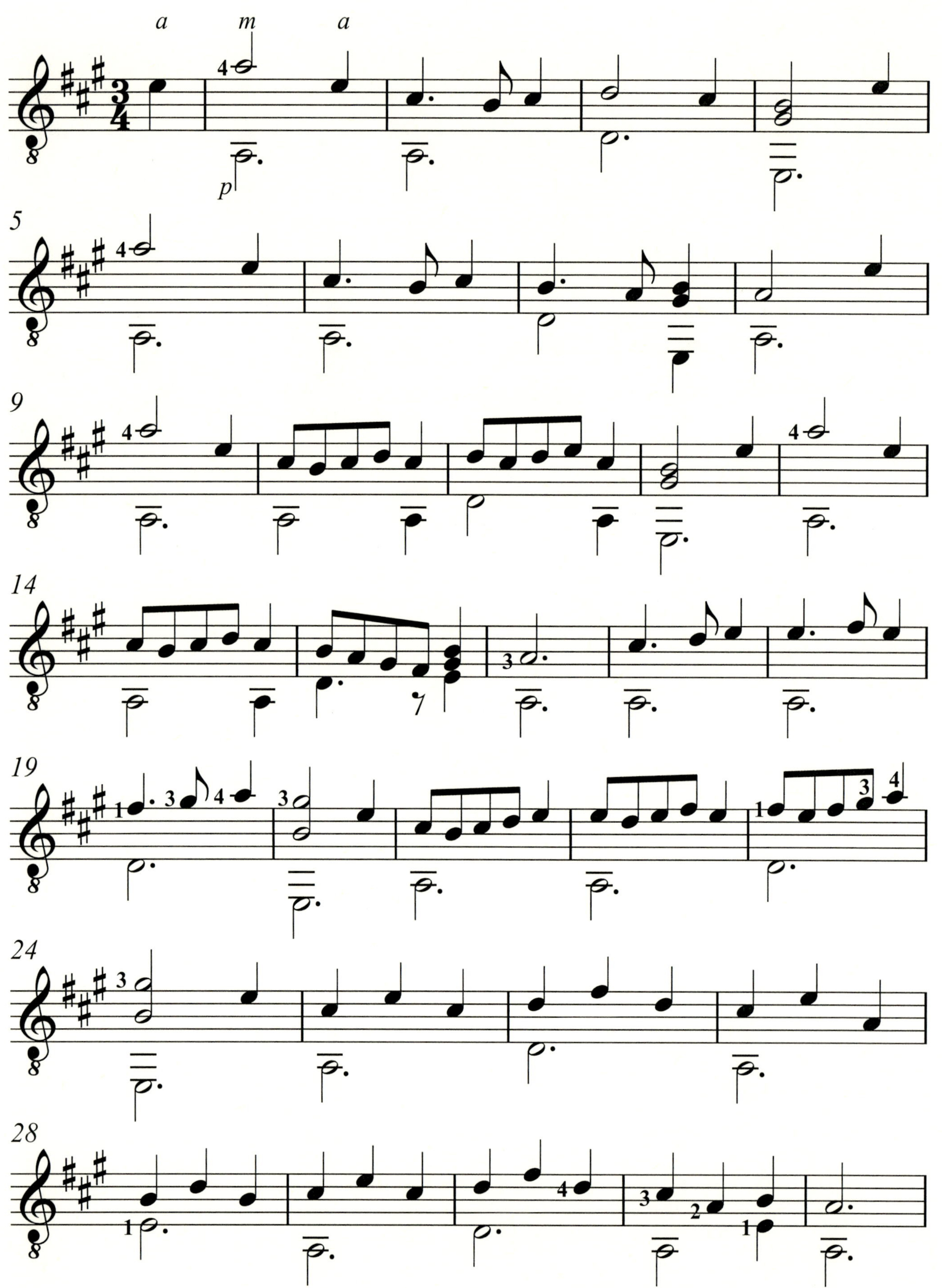

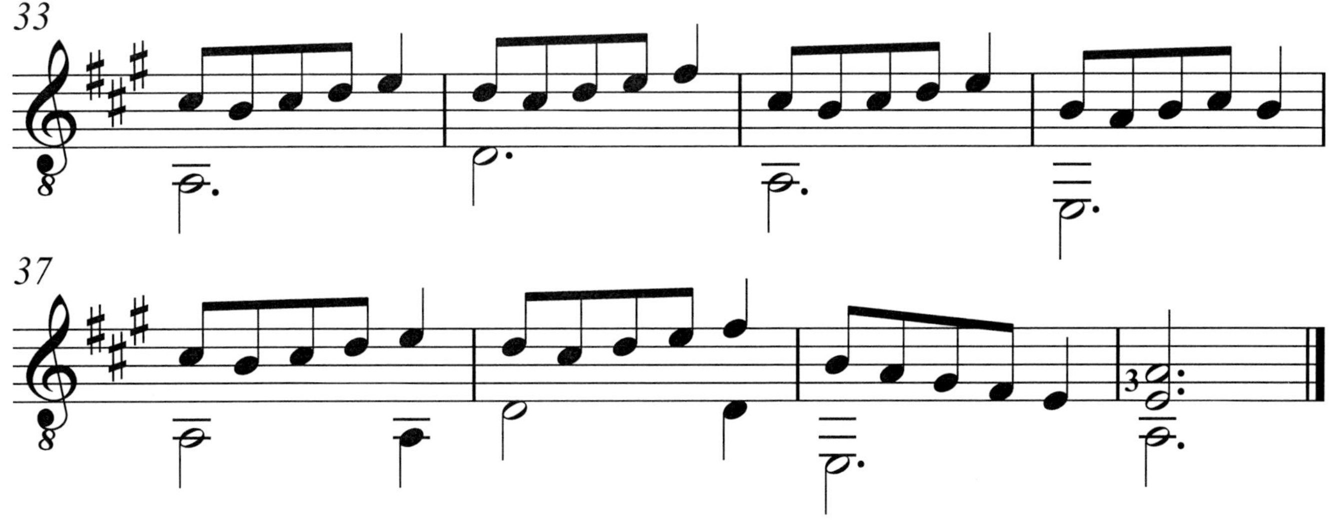
33
37
3

32. Jewel

Anonym, 16. Jahrhundert/Bearbeitung: Volker Luft

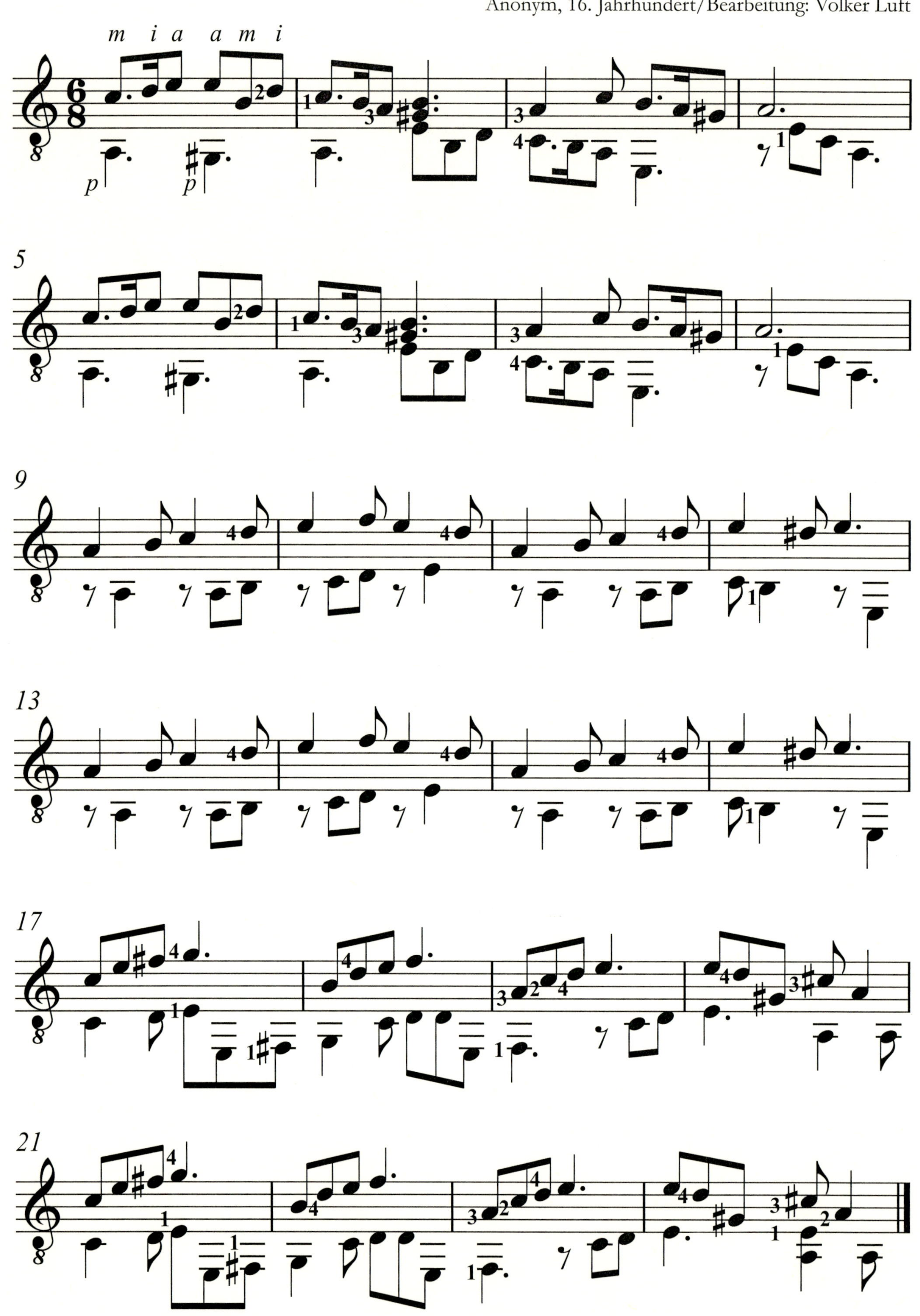

33. The Parlement

Anonym, 16. Jahrhundert/Bearbeitung: Volker Luft

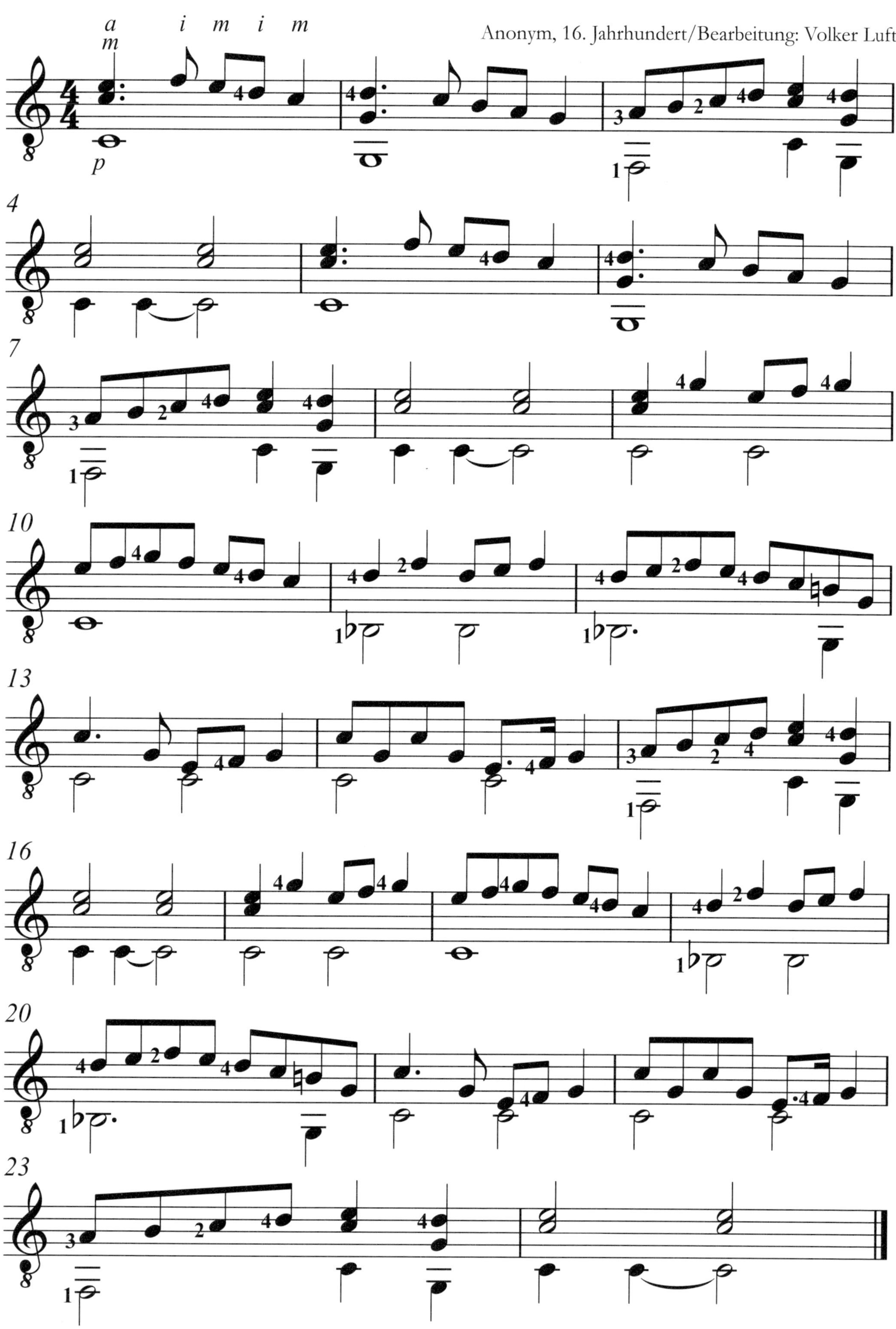

Get the Groove! – Acoustic Music Books

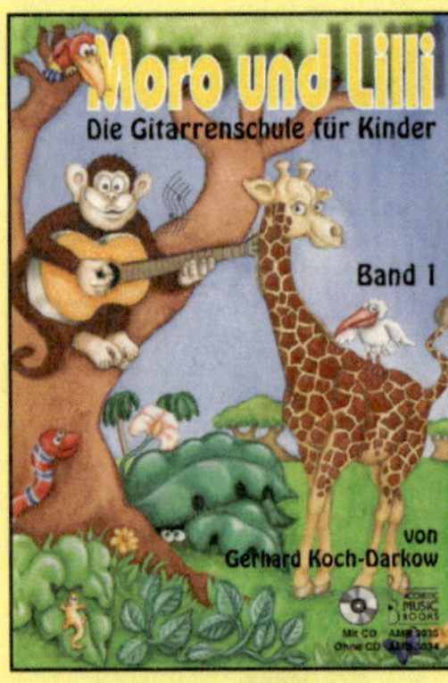

Gerhard Koch-Darkow
Moro und Lilli, Band 1
Die Gitarrenschule für Kinder

136 Seiten, mit Notenlegespiel zum Ausschneiden ohne/mit Begleit-CD:
AMB 3034 - 18,90 €
AMB 3035 - 23,90 €

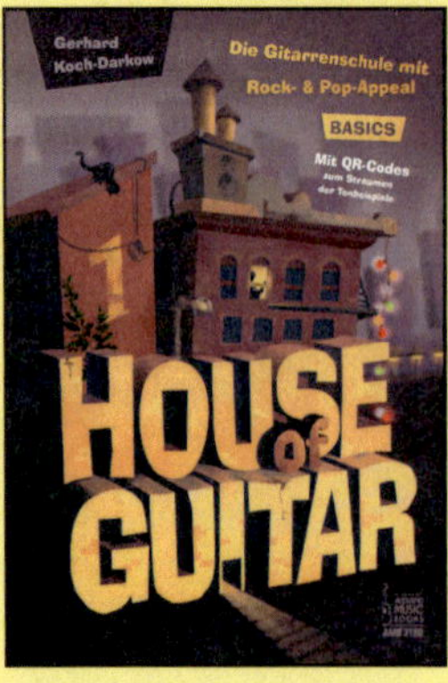

Gerhard Koch-Darkow
House of Guitar. Basics
Die Gitarrenschule mit Rock- und Pop-Appeal. Für Konzert-, Steelstring- und E-Gitarre. Zeitgemäßes Lehrwerk mit Kreativecken (Beatbox, Riffschmiede etc.). 136 S. mit QR-Codes zum Streamen der Tonaufnahmen.
AMB 3180 - 22,90 €

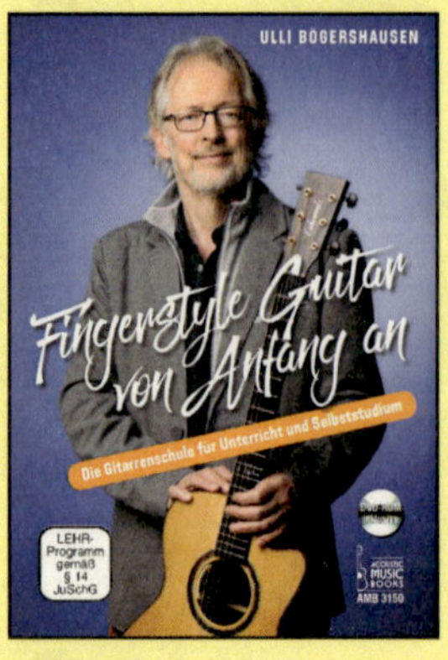

Ulli Bögershausen
Fingerstyle Guitar von Anfang an
Die Gitarrenschule für Unterricht und Selbststudium
Das Standardwerk "Von Anfang an" überarbeitet und erweitert. Noten u. TABs, 112 S. mit DVD-ROM. AMB 3150 - 26,90 €

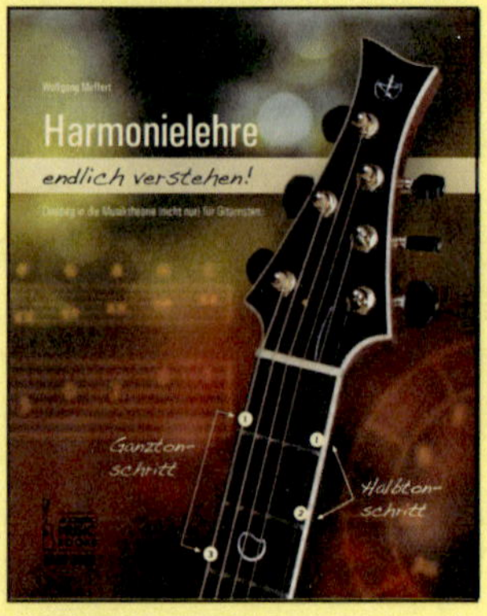

Wolfgang Meffert
Harmonielehre endlich verstehen!
Einstieg in die Musiktheorie (nicht nur) für Gitarristen.
Bestseller. Einfacher und verständlicher geht es nicht!
Sachbuch 168 Seiten
AMB 3096 - 25,90 €

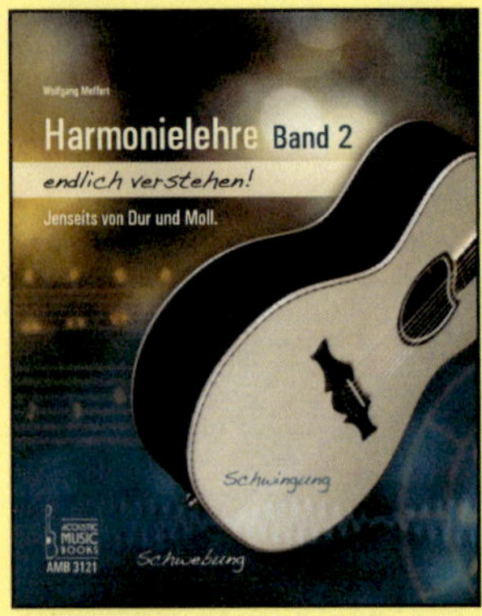

Wolfgang Meffert
Harmonielehre endlich verstehen! Band 2
Jenseits von Dur und Moll. Pentatonik, Dominantketten, Kirchentonarten in Blues, Rock und Jazz u.v.m. - Leicht verständlich! - Sachbuch , 216 S.
AMB 3121 - 25,90 €

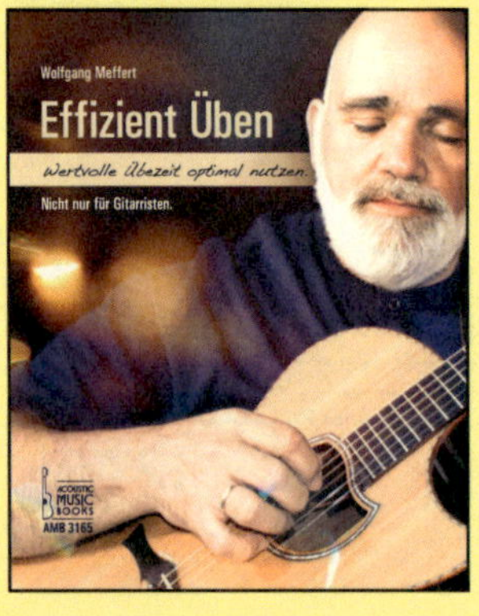

Wolfgang Meffert
Effizient üben. Wertvolle Übezeit optimal nutzen. Nicht nur für Gitarristen. - Richtiges Üben, Aufbau von Übestunden, Motivation, Technik, Tempo, systematische Übungen. Ein praxisorientiertes Buch, 72 Seiten - AMB 3165 -16,90 €

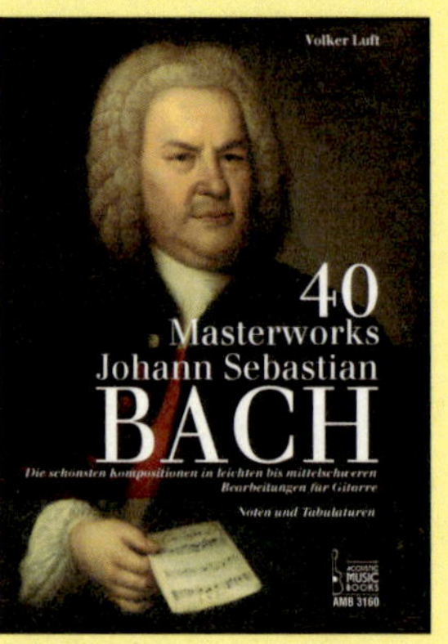

Johann Sebastian Bach
40 Masterworks. Die schönsten Kompositionen in leichten bis mittelschweren Bearbeitungen für Gitarre. (V. Luft). - Noten u. TABs, 80 S.
AMB 3160 - 19,90 €
- Noten, 52 S. AMB 3161 - 18,90 €

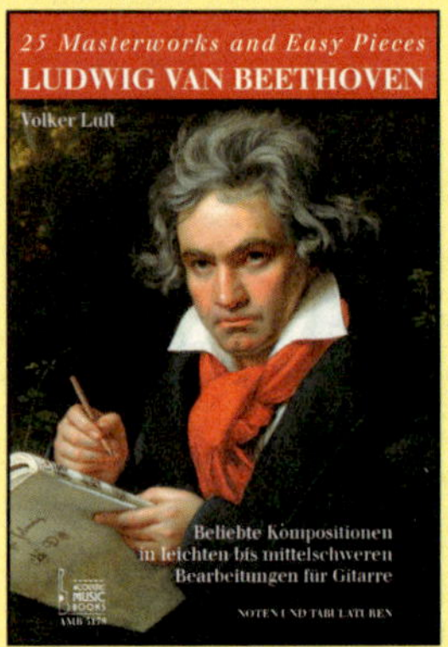

Ludwig van Beethoven
25 Masterworks and Easy Pieces. Beliebte Kompositionen in leichten bis mittelschweren Bearbeitungen für Gitarre. (V. Luft) - Auszüge aus „Mondscheinsonate", Für Elise, „Ode an die Freude" u.v.m. - Noten u. TABs, 64 S.
AMB 3178 - 20,90 €

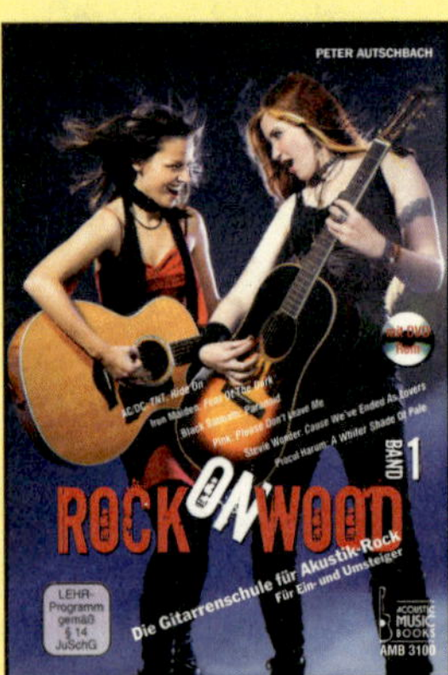

Peter Autschbach
Rock on Wood
Die Gitarrenschule für Akustik-Rock. Für Ein- und Umsteiger

Noten u. TABs., 124 S., mit DVD-ROM, AMB 3100 - 24,90 €

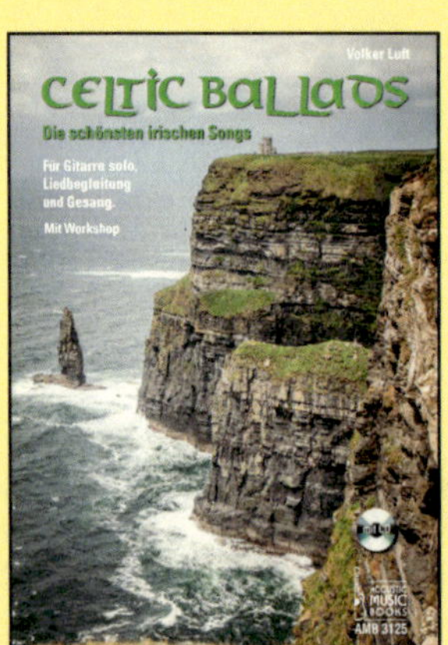

Volker Luft
Celtic Ballads. Die schönsten irischen Songs. Für Gitarre solo, Liedbegleitung und Gesang. Von *Whiskey in the Jar* über *Sally Gardens, Molly Malone* bis zu *Danny Boy*. - Noten u. TABs, 44 S. mit CD. AMB 3125 - 21,90 €

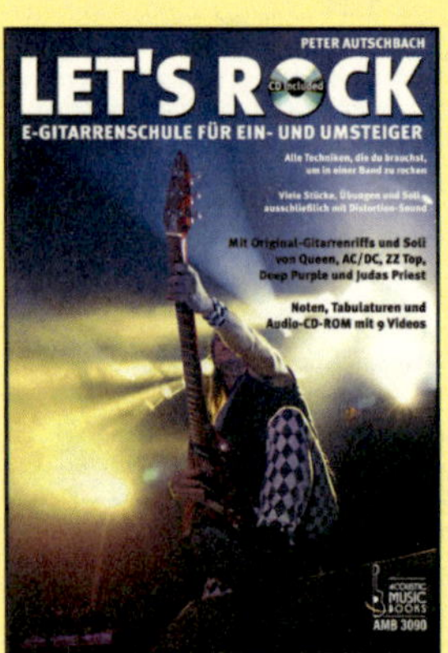

Peter Autschbach
Let's Rock
E-Gitarrenschule für Ein- und Umsteiger

Noten u. TABs., 120 S., mit CD, AMB 3090 - 24,90 €

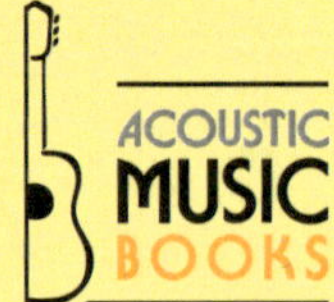

Acoustic Music Books
Brommystr. 64
26384 Wilhelmshaven
Tel. 04421-9 83 93 70
Fax 04421-9 83 93 01
info@acoustic-music-books.de
www.acoustic-music-books.de

Bitte fordern Sie unseren kostenlosen Notenkatalog an!

Lieferbarkeit, Irrtum und Preisänderung jederzeit vorbehalten!
Stand: 15.10.2023

www.acoustic-music-books.de